सत्य की झलकियां

मानव मानस और जीवन की समस्याएं

GLIMPSES OF TRUTH

HUMAN PSYCHE AND LIFE PROBLEMS

विवेक गोपाल कृष्ण पाठक

RIGI PUBLICATION

All rights reserved
No part of this book may be reproduced in any form, by Photostat, Microfilm, xerography, or any other means or incorporated into any information retrieval system, electronic or mechanical, without the written permission of the copyright owner.

Originally Published in India

सत्य की झलकियां
GLIMPSES OF TRUTH

विवेक गोपाल कृष्ण पाठक

ISBN	:	978-93-6388-112-9
©	:	विवेक गोपाल कृष्ण पाठक
प्रथम संस्करण	:	2024
प्रकाशक	:	रिगी पब्लिकेशन
		777, स्ट्रीटनंबर - 9, कृष्णानगर,
		खन्ना - 141401
		पंजाब, इंडिया
कवर डिजाइन	:	रिगी पब्लिकेशन, खन्ना
मुद्रक	:	रिगी प्रिंटर्स

BOOK DESCRIPTION AND ABOUT THE AUTHOR

Strong inclination towards para sciences especially astrology & astronomy has been there in the author since childhood.

Author's interest towards astrology has started taking shape into a deep urge of knowing the science of astrology because of his maternal grandfather Swargiya Shri Pandit Lakhan Lal Gautam ji. He was a prominent Astrologer, Nadi Vaidhya and Poet in his hometown district SHIVPURI, MP, INDIA.

All the dormant inner capabilities of becoming an astrologer and healer, started sprouting from within along with spiritual inclination towards the life, in December 2018, after author's initiation in Shambhavi Mahamudra (The Inner Engineering Programme), designed by author's guru,

Shri Jaggi Vasudev (SADHGURU), founder of ISHA Foundation, Coimbatore, Tamilnadu, INDIA.

After more than 20 years of self-learning and 4+years of practice of Astrology as of now, turned the author into a poet as well.

This poetry collection simply is an expression of the author's understanding of human psyche, problems and life in its real sense.

लेखक और पुस्तक का विवरण

पराविज्ञान विशेषकर ज्योतिष एवं खगोल विज्ञान के प्रति लेखक का रुझान बचपन से ही रहा है।

ज्योतिष के प्रति लेखक की रुचि उनके नाना स्वर्गीय श्री पंडित लखन लाल गौतम जी के कारण ज्योतिष विज्ञान को जानने की गहरी इच्छा में बदलने लगी। वह अपने गृह नगर जिले शिवपुरी, मध्य प्रदेश, भारत में एक प्रमुख ज्योतिषी, नाड़ी वैध और कवि थे।

दिसंबर 2018 में, लेखक के गुरु, श्री जग्गी वासुदेव (सदगुरु), ईशा फाउंडेशन, कोयंबटूर, तमिलनाडु, भारत के संस्थापक द्वारा डिज़ाइन किए गए शांभवी महामुद्रा (द इनर इंजीनियरिंग प्रोग्राम) में लेखक की दीक्षा के बाद, एक ज्योतिषी और उपचारक बनने की सभी निष्क्रिय आंतरिक क्षमताएं, जीवन के प्रति आध्यात्मिक झुकाव के साथ-साथ भीतर से अंकुरित होने लगीं।

20 वर्षों से अधिक के स्व-अध्ययन और अब तक ज्योतिष के 4+ वर्षों के अभ्यास ने लेखक को एक कवि भी बना दिया।

यह काव्य संग्रह, वास्तविक अर्थों में मानव मानस समस्याओं और जीवन के बारे में लेखक की समझ की अभिव्यक्ति है।

INDEX अनुक्रमणिका

1.	NAVAGRIHA SYNTHESIS	11

भाग -1 आध्यात्मिक

2.	आभारी हूँ !!	12
3.	मृत्यु की महक	13
4.	मृत्यु का स्वीकार	14
5.	मृत्यु और उद्देश्य	15
6.	मृत्यु को जीतना	16
7.	सुकून-ए-मौत	17
8.	इत्र ए ज़िन्दगी	18
9.	ज़िन्दगी का सुकून	19
10.	'सबब ए जिन्दगी'	20
11.	जीवन की शैली	21
12.	जीवन क्या है?	22
13.	जीवन का सार	24
14.	ज़िन्दगी का सबक़	25
15.	जीवन और मृत्यु	26
16.	खुदगर्ज़ हूँ बहुत	27
17.	रुक मत चलता रह आगे बढ़	28
18.	दर्द	29
19.	दुविधा	30
20.	एक नाँव के सवार	31

21.	क्या करना चाहिए?	32
22.	रौशनी की जाये	33
23.	फंसे रहना कब तक	34
24.	ग़लती और गुनाह	35
25.	संघर्ष और सफ़लता	36
26.	हार और जीत	37
27.	हार का स्वीकार और समर्पण	38
28.	जब होना हो अनर्थ	39
29.	शिकायतें क्यों?	40
30.	हकीक़त	41
31.	जग से कुछ अलग कर	42
32.	जागो जागो जागो	43
33.	कैसे मिलेगा सुकून?	44
34.	मैं कौन हूँ	45
35.	कैसा हूँ मैं ?	46
36.	मैं चाहता हूँ	47
37.	मेरा दुःख	48
38.	मेरी बात	49
39.	ख़ुद से बात करो	51
40.	न शिक़ायत है अब, न शिक़वा कोई	52
41.	आगे बढ़ो और बढ़ते रहो	53
42.	पूर्वज	54
43.	पुराना मकान	55

44.	पिता होना क्या है?	56
45.	पुत्र होना क्या है?	57
46.	प्रेमिका और पत्नी	58
47.	तुम और मैं	59
48.	तुम्हारा साथ	60
49.	"स्वान", मानव का परम मित्र	61
50.	अपेक्षा की व्यर्थता	62
51.	कारण कार्य और परिणाम	63
52.	कर्मों के बोझ को कम कर लिया जाये	64
53.	तुम्हारा सच	65
54.	करुणा	66
55.	क्षमता	67
56.	सच्ची प्रशंसा	68
57.	समर्पण की आवश्यकता	69
58.	संभव है	70
59.	स्वम् की कमाई	71
60.	न होना ही होना है	72
61.	सरल होना ही बुद्धिमान होना है	73
62.	क्यों चाहिए सब?	74
63.	स्वीकार की महक	75
64.	स्वयं के सत्य का अनुभव	76
65.	मैं क्या हूँ? सबकुछ तुम हो।	77
66.	तू ही है बस	78

67.	परिवर्तन का अनुभव	79
68.	समय की पूँजी	80
69.	संतुलन आवश्यक है	81
70.	शायद	82
71.	वृक्ष की अभिलाषा	83
72.	अब कुछ अलग है	84
73.	वो अमूल्य क्षण	85
74.	अपने होने का औचित्य!	86
75.	किसी से अब कुछ कहता नहीं	87
76.	मूल्य चुकाना होगा	88
77.	अक्सर लोग मुझे पागल समझते हैं	89
78.	मूर्खता का प्रमाण	90
79.	मेरे अनुभव...घाट पर	91
80.	परिणिती	92
81.	शायर हो बैठा	93
82.	शायर होना अभी बाक़ी है	94

PART – 2 ENGLISH

83.	CONSISTENT INTEREST	95
84.	KNOWING THE ACCEPTANCE	96
85.	PRIORITY OF LIFE	97
86.	WAITING	98
87.	WAITING FOR THE SUN TO SHINE	99
88.	WHY WE'RE HERE?	100

89.	SONG OF SUCCESS	101
90.	WHY AM I SUCCESSFUL?	102
91.	JUST KEEP MOVING!!!	103
92.	THE GRACE	104
93.	THE FEMININE	105

भाग -3 धार्मिक

94.	भक्ति	106
95.	I am God	अनल-हक	अहंब्रह्मास्मि	107
96.	ईश्वर का प्रमाण	108
97.	ईश्वर की अवधारणा	109
98.	जय श्री राम	110
99.	कहाँ हैं शिव?	111
100.	शिव आरहे हैं मेरे पास	112
101.	राम नाम के तेल में हनुमत जैसी बाती	113
102.	श्री राम गीत	114
103.	कलि का सत्य	115

भाग – 4 राजनीतिक

104.	STOP FAKE FEMINISM	116
105.	YOU MUST KNOW THIS… IF YOU ARE INDIAN!!!	117
106.	हूँ मैं धर्म सापेक्ष	118
107.	जागो, खोजो और पाओ	119
108.	नए युग का आरंभ	120

109.	शहीद की कहानी	121
110.	वो क़िताब	122
111.	मैं पढ़ा-लिखा हिन्दू हूँ।	123
112.	युद्ध करो	124

NAVAGRIHA SYNTHESIS

Through the mighty ocean of enthusiasm (Venus) and a perfect equalizer (Saturn), it is possible to get rid of illusion (Rahu) by knowing the secret (Ketu) and only then the possibility of enjoying the nectar of the soul (Surya) can arise. And at the same time, you must have a balanced-approach (Mercury) and enduring consistency (Moon), with strength (Mars) guided by the real catalyst (Jupiter).

उत्साह के सशक्त सागर (शुक्र) और एक पूर्ण तुल्यकारक (शनि) के माध्यम से, रहस्य (केतु) को जानकर भ्रम (राहु) से छुटकारा पाना संभव है और केवल तभी आत्मा (सूर्य) के अमृत का आनंद लेने की संभावना पैदा हो सकती है और इसके साथ ही आपके पास एक संतुलित- दृष्टिकोण (बुध) और स्थायी निरंतरता (चंद्र) होनी चाहिए, वास्तविक उत्प्रेरक (गुरु) द्वारा निर्देशित ताकत (मंगल) के साथ।

आभारी हूँ !!

आभारी हूँ उन कष्टों का, जिनसे मानव होने का भान हुआ।
नतमस्तक हूँ उस हार के सन्मुख,
जिसमें जीत की व्यर्थता का ज्ञान हुआ।
ऋणी रहूँगा सभी तिरस्कारों का,
कि जिससे स्वयं के सम्मान का बोध हुआ।
हर पीड़ा मित्र है मेरी,
कि कारण जिसके औरों का दर्द, मुझे आभास हुआ।
हर अँधेरा मेरा सहायक हुआ, जब कोई नहीं था साथ मेरे।

राधा ने बाँटा कृष्ण को,
मीरा ने विष पान किया,
हनुमत ने चीरा छाती को,
दधीचि ने जीवित अस्थि दान किया।

बिना समर्पण, बिना दिए, बिना स्वयं को अर्पित किये,
कहाँ किसी को कुछ प्राप्त हुआ।
आभारी हूँ, नतमस्तक हूँ, ऋणी रहूँगा पीड़ा तेरा,
तेरे ही कारण मुझे, मेरे 'राम' का संज्ञान हुआ।

विवेक गोपाल कृष्ण पाठक

मृत्यु की महक

तपते जीवन के रेगिस्तान से गुजरते कुछ भ्रम,
कष्ट, थकान के साथ मरुउद्यान के पल भी मिले।

जीवन के पथरीले कांटेदार जंगल में,
सुगंधित पुष्पों के आल्हादित उपवन भी मिले।

भय, अनिश्चिता और असफलता के खारे सागर के छोर पर, मीठे रस से
पानी के झरने भी मिले।

मंझधार में हाथ छोड़ने वाले तो थे ही,
आँखों में प्रेम के आंसू लिए बाँहों के सहारे भी मिले।

लम्बी इस यात्रा में अपनों का साथ छूटा,
तो कुछ नवीन प्यारे भी मिले।

धरा की तपिश पर सावन की पहली बौछार सी,
संतुष्टि की वो सौंधी महक।

जीवन के उतार चढ़ाव से तरावट देती, मृत्यु की वो महक।
जीवन के हर पल को सार्थक करती, मृत्यु की वो महक।

धन्यभागी हूँ कि जीवित हूँ, और है साँसों में, हर धड़कन में, मृत्यु की वो
महक, मृत्यु की वो महक ॥

विवेक गोपाल कृष्ण पाठक

मृत्यु का स्वीकार

मृत्यु में छिपा है, जीवन का सार। -2
व्यर्थ है जीना, बिना किये मृत्यु का स्वीकार॥ -2

मित्र हो या शत्रु, अपना हो या पराया, प्रेमी हो या हो जग सारा।
ज़रूरी नहीं कि सफ़र, पूरा हो यहाँ हर किसी का।
कभी भी जाना पड़ सकता है छोड़कर, बसा-बसाया संसार सारा॥

जैसा जिया जीवन, वैसा रहेगा मृत्यु का क्षण। -2
मृत्य-क्षण की स्थिती से, निर्धारित होगी जीव की गति॥

मृत्यु की तैयारी ही, जीने की पूर्णता का है आधार।
व्यर्थ है जीना, बिना किये मृत्यु का स्वीकार॥ -2

विवेक गोपाल कृष्ण पाठक

मृत्यु और उद्देश्य

मृत्यु के दर्शन कर वापस बुलाना, तो मुझे जगाने का बस बहाना है।-2

प्रभू को कुछ और काम विशेष, मुझसे करवाना है।-2

बिना कार्य बिना कारण, कौन यहाँ एक पल भी रह सका है।-2

मतलब जीवित हो तो कोई उद्देश्य होगा। -2

ढूँढो उसे हाँ ढूँढो उसे।

अन्यथा उद्देश्य विहीन का क्या जीना है और क्या मर जाना। -2

विवेक गोपाल कृष्ण पाठक

मृत्यु को जीतना

मृत्यु को जीतना, शरीर की अमरता नहीं,
ये तो सबका यहीं मिट जाना है।

सबके पास है, एक ही दिन आज का,
समेट लो वो सबकुछ, जो कल साथ जाना है।

निष्छल प्रेम, निष्कपट हृदय, असहाय की सहायता और रोते के आँसू
पोंछते जाना है।

मेरी दृष्टि में बस यही है, जो कल साथ जाना है।

जो कुछ मिला है यहाँ, वो सबकुछ उधार है,
और यहीं चुका के जाना है।

सीख लिया जिसने, जीने का ये सलीक़ा,
ये जान लिया उसने, कि मृत्यु को जीतना क्या है?

विवेक गोपाल कृष्ण पाठक

सुकून-ए-मौत

कष्टों को अधिक कहना तो बेमानी है,
कैसा भी हो कुछ देर में, सहने की शक्ति तो आनी है। -2

कर कर के देख लिया "मैं" ने बहुत कुछ,
करना तो अब भी है पर, अब सब 'तुझको' समर्पित,
बस तू ही एक सानी है। -2

देखा है पाने वालों को बहुत,
पर उनको भी अपनी ख़ुशी, दूसरों को दिखानी है। -2

चूक जाते हैं पाकर न बांटने वाले -2

भूख से मारना तो जायज़ सा है,
पर खा दबा के मरने वालों को, सुकून-ए- मौत कहाँ आनी है। -2

विवेक गोपाल कृष्ण पाठक

इत्र ए ज़िन्दगी

जिसके सामने आईना रखा, वो ही हमसे रूठ गया,
हम ज़माने से अलग हुए और ज़माना हमसे टूट गया।

मैंने कई बार खुद को टूटा, बिखरा और तन्हा पाया,
जो भी चाहा पाना वो ही हमसे छूट गया।

उम्मीदों का टूटना हुआ, ना उम्मीदी आलम छाया,
यकायक से खुद को, तन्हा ओ बेज़ार पाया।

जिस खुशनुमा बादल से थी दुनिया मेरी,
वो भी बरस के पानी हो गया,
हम ज़मी पे गिरे और वो आसमानी हो गया।

लगा खत्म ए सफर ज़िन्दगी का होने को ही है अब,
अंधेरी रात का सवेरा, फिर कुछ इस तरह हुआ,

कि बुझते चरागों ने रोशनी को, हम से पाया,
हम हुए आफताब और ज़िन्दगी का इत्र हमने पाया।।

विवेक गोपाल कृष्ण पाठक

ज़िन्दगी का सुकून

चाहते हो ग़र जीतना, तो पहले हारने का दम रखो।-2
मुस्कुराना है ग़र जी भर,
तो पहले आँसुओं से नहाना सीखो।

होना है ग़र चट्टान सा,
तो पहले रेत सा बिखरना सीखो।-2

सही क़ीमत चुकाए बिना, अगर कुछ मिल भी जाये।-2
तो पाने में वो बात नहीं होती,
पाना है ग़र सुख़ ज़माने का तो, पहले गंवाने का हौसला रखो। -2

हर कदम पर ये सोचना, कि अगले दम क्या होगा? -2
यूँ न ज़िन्दगी का सफ़र ख़ुशनुमा होगा।

अंधी दौड़ में सुकून कहाँ? -2
सुकून के लिए तो ठहरना होगा।-2

विवेक गोपाल कृष्ण पाठक

'सबब ए जिन्दगी'

है दुःख बहुत, ग़मगीन सारे हैं।
कुछ हैं परेशां साथ किसी के, और कुछ बे सहारे हैं।

हैं सुखी अपनों के साथ कमी में भी कुछ-2,
और कुछ महलों में भी पाते दुःख सारे हैं।

कोई भूख से सो नहीं पता-2,
और किसी को सुहाते नहीं पकवान सारे हैं।

कहीं तन ढकने को कपड़ा नहीं-2,
कहीं नखरे फ़ैशन के हजारों हैं।

हैं दुःख बहुत, ग़मगीन सारे हैं-2
कुछ और ही है 'सबब ए ज़िन्दगी' शायद-2,

फिर न जाने क्यों आते और जाते हैं।
है दुःख बहुत, ग़मगीन सारे है-2

विवेक गोपाल कृष्ण पाठक

जीवन की शैली

बहुत सार्थक है जीवन की शैली,
आदर्श हो या हो बिखरी,

जिनसे थी उम्मीदें तोड़ी उन्होंने,
प्रेम की परिणति हृदय परिवर्तन,

भरोसा पल का नहीं, पर कल की दुविधा टलती नहीं,
अँधेरी रात, पर है दीपों की माला भी,

बहुत सार्थक है जीवन की शैली,
आदर्श हो या हो बिखरी,

मजबूर को निःस्वार्थ सहायता,
तिरस्कृत को प्रेम के बोल,

शिशु का खिलखिलाना,
जीवन में आस का आना,

भूखे की भूख, असफलता का सागर,
हो स्वार्थी संबंध या भोग के चक्रव्यूह,

पर है ईश्वर का सहारा, पर है ईश्वर का सहारा,
बहुत सार्थक है जीवन की शैली,
आदर्श हो या हो बिखरी-2

विवेक गोपाल कृष्ण पाठक

जीवन क्या है?

जीवन क्या है?
प्रकृति सा सुन्दर, माँ की गोद सा सुरक्षित,
गुरु कृपा सी छाया या साधु सा प्रयास ।

जीवन क्या है?
मन सी माया, तन सी मिट्टी, जल सा बहाब,
वायु सा वेग, आकाश सा विराट या अग्नि सी तपन ।

जीवन क्या है?
कामी सी लालसा, मौनी सा धैर्य, इन्द्रियों सा भटकाव,
पर्वत सी दुर्गमता या वृक्ष सा ठहराव ।

जीवन क्या है?
कछुए सा रेंगना या अश्व सा तेज,
माथे की शिकन या चेहरे की मुस्कान ।

परिवार का पोषण या वन का गमन,
हृदय की निश्छलता या नीच का मन ।

जीवन क्या है?
इक्छाओं का अंतहीन समुद्र है शायद,
या है संतुष्टि का मीठा झरना ।

मिल जाय अगर दिशा जीवन में,
उस ओर चलने में है सार ।
वरना उद्देश्य विहीन का जीना बेकार ।

जीवन क्या है?
ये शायद अब मैंने है जाना, उदेश्य को पाना
और उस ओर चलते जाना-2

विवेक गोपाल कृष्ण पाठक

जीवन का सार

आज जो समझा हूँ, क़ाश वो समझ पहले से होती,
कोई नहीं होता किसी का, ये बात पहले से पता होती।

जीवन एक कर्ज़ है, जिसे चुकाना है हमें,
अगर पता होता तो, वक्त की ये कमाई, यूँ ख़र्च न की होती।

कुछ नहीं है पाने को यहाँ, अगर ये जनता तो,
इतनी मशक्कत ही न की होती।

ख़ैर सार बस इतना है, कि जो बदल न सको उसे स्वीकार करो।
और ज़ख्म जिनसे मिले हैं अगर वो अपने हैं, तो पलट के न वार करो।

टूट कर बिखरने की भी हो स्थिती,
फिर भी, जीवन का साथ न छोड़ो, इंतज़ार करो, इंतज़ार करो।

विवेक गोपाल कृष्ण पाठक

ज़िन्दगी का सबक़

बादलों से भी मिलता है ज़िन्दगी का सबक़,
कि जो पाया है सागर से, उसे बांटने में ही सार है।

कि समय रहते जो बरसते नहीं,
तबाही का कारण हुआ करते हैं।

वैसे ही कलियों को यदि, पुष्पों सा वैभव पाना है।
तो सुगँध को बिखेरना होगा।

और अगर बीज़ को वट वृक्ष होना है,
तो ख़ुद को मिटाना होगा।

विवेक गोपाल कृष्ण पाठक

जीवन और मृत्यु

अब देखो अगले क्षण अगर मृत्यु है, तो भी भय कैसा?
क्यों सोचते हो कि क्या होगा? पुत्र का क्या होगा?
पत्नी का क्या होगा? सपनों का क्या होगा? अपनों का क्या होगा?
किसके पास कितना समय है?
यह जानकर भी, जीवन में वृद्धि का न एक क्षण भी होगा।
मिट जाओ जवानी में ही कुछ करके, व्यर्थता के 100 वर्ष भी मिलें, तो
जीवन नष्ट ही होगा।
व्यर्थ चिंताओं और जंजालों को छोड़कर,
इस क्षण में पूरी तरह से जीना होगा।
अंत समय में जीवन को जानना, तो उसे खोने जैसा ही है, क्यों कि
जीवनभर जो भी किया?
उसका सार ही उस क्षण में प्राप्त होगा। जो आवश्यक है उसे अभी करें,
जोभी सपने हैं उस ओर अभी बढ़ें।
समय नष्ट न करें यह सोचकर, कि कल क्या होगा?
व्यर्थ चिंताओं और जंजालों को छोड़कर,
इस क्षण में पूरी तरह से जीना होगा।

विवेक गोपाल कृष्ण पाठक

खुदगर्ज़ हूँ बहुत

खुदगर्ज़ हूँ बहुत, कि ग़म में याद करता हूँ तुझे। -2
जब तक छिने न खिलोने हाथ से,
जब तक छूटे न साथ प्यारों से,
जब तक न हो जेब ख़ाली।
समझा जिनको सदा अपना,
जब तक न बन जाए, वो सब सवाली।
कहाँ तेरी याद आती है?

खुदगर्ज़ हूँ बहुत, कि ग़म में याद करता हूँ तुझे। -2
और तू है कि, थाम लेता है हर बार हाथ मेरा,
इससे पहले कि, हार जाऊँ मैं ज़माने से।

पक के गिर जाता है ज्यूं साख से फल,
चाहता हूँ अलग हो जाऊँ, यूं ही मैं ज़माने से।

छूटेगी न जब तक चाहत, फिर तेरी ही क्यों न हो, -2
कहाँ याद कर पाऊँगा तुझे पूरी तरह,
कहाँ तुझसे मिल पाऊंगा पूरी तरह।

विवेक गोपाल कृष्ण पाठक

रुक मत चलता रह आगे बढ़

मुझे स्वीकार है,
मेरी हर आलोचना और उलाहना,
हर कष्ट और प्रताड़ना,
हर अपमान और असफलता,
हर तिरस्कार और हार,

कर्मों के कर्ज़ से न बच सका है कोई,
मुक्ति के हैं दो ही उपाय,

पराक्रमी है तो स्वीकार कर,
सरल है तो समर्पण कर,

दोनों ही स्थिति में,
रुक मत चलता रह आगे बढ़,
रुक मत चलता रह आगे बढ़ |

विवेक गोपाल कृष्ण पाठक

दर्द

अपनों ने जो तोडा दिल तो पता चला,
कि जो गैरों से मिला था वो दर्द ही न था।

ज़िन्दगी में दर्द का होना तो लाज़मी है,
पर दर्द ऐसे भी होते हैं, ये पता न था।

हाँ मैंने भी चाहा था कुछ,
बदले में, उनसे, कैसे बताऊँ,
कि प्रेम के सिवा कुछ और न चाहा था।

ख़ैर बताने, जताने, समझाने के दौर हुए, अब ख़त्म।

अपने अँधेरे और अपनी रौशनी के साथ,
अपनी राह पर, अब अकेले हैं हम...
हाँ अपनी राह पर, अब अकेले हैं हम...

विवेक गोपाल कृष्ण पाठक

दुविधा

सच है जो वेदों में लिखा है, कहता हूँ निज अनुभव से।
करके बार बार तौबा, चल पड़ता हूँ उन्ही राहों पर फिर से।
होती कमाई थोड़ी बमुश्किल और खर्चे बेहिसाब से।
जानता हूँ क्यों आया हूँ जग में,
फिर भी भटकता हूँ चलते चलते राह से।

पाना-खोना, हँसना-रोना जो होता है राह में, कांधे पर उठाये फिरता हूँ।
परेशान हूँ चल नहीं पता, दबके इस बोझ तले।

सच है कि मंज़िल का मिलना मुमकिन नहीं,
भोग न लूँ कर्मों का हिसाब जब तक।

और कर पाऊँ कुछ ऐसा,
कि न बीते का बोझ हो, न भविष्य का डर।

उतार के कांधे से ये गठरी, हो जाऊँ निडर
उतार के कांधे से ये गठरी, हो जाऊँ निडर

विवेक गोपाल कृष्ण पाठक

एक नाँव के सवार

मांगते हैं जहान की सारी सहूलियत,
अपनी संतान के लिये ऐसे,
जैसे किसी और की तो औलाद ही नहीं।

बिछ जाये ज़माना क़दमों में उसके,
फिर हसरतों की क़ुरबानी कितनी भी हो औरों की, फ़िक्र नहीं।

औरों के रक्त से रंजित तुम्हारे स्वर्ण शिखर,
उनकी हार में चढ़ता, तुम्हारे माथे पर जीत का ज्वर,
नाँव कहीं से भी टूटी हो, सवार तुम भी हो,
सोचते हो डूबोगे नहीं।

मिट गए कौरव, ख़ाक़ हुए राजवंश,
नाम बस उनका बाकी है,
जिनने औरों का भी सोचा, सिर्फ़ ख़ुद का नहीं।

विवेक गोपाल कृष्ण पाठक

क्या करना चाहिए?

भर जाय जब मन किसी बात से, तो टूटना नहीं चाहिए।-2
हो कुछ ऐसा प्रयास की ये दर्द, अब किसी और को नहीं मिलना चाहिए।

भर जाती है कली जब इस क़दर,
कि बनाना हो अगर पुष्प तो, सुगंध को बांट देना चाहिए।-2

कैसे मिलेगी मिठास अगली पीढ़ी को? कि पक जाए अगर फल, तो उसे
डाल से अलग हो, फिर धरती में होना चाहिए।-2

ढूंढ रहा है इंसान जिसको, जन्मों जन्मों से, -2
वो सुख सिर्फ पाने में कहां, जो पाकर बांटने में होना चाहिए -2

मिल जाय अगर इतना कि आवश्यकता से अधिक हो, -2
तो बांट देना चाहिये।

आवश्यकताओं और इच्छाओं में क्या है अंतर? -2
जानना है अगर तो सदगुरू को खोजना चाहिये।-2

विवेक गोपाल कृष्ण पाठक

रौशनी की जाये

डूबे हो अग़र, ग़म के अधेरों में इस क़दर,
कि क़िस्मत-ए-सहर की भी, कोई अब आस नहीं,
ख़ुद को जलाकर, क्यों न रौशनी की जाये।

जो अभी थके नहीं, जिनमें बाकी है आस,
क्यों न, उनकी राहों को रौशन किया जाये,
हारी हुई ज़िंदगी को भी, कुछ मक़सद दिया जाये,
ख़ुद को जलाकर क्यों न, रौशनी की जाये।

टूटे हुए मकां के पत्थरों से क्यों न,
किसी नए घर की नींव भरी जाये।
सूखे हुए दरख्तों से क्यों न, चूल्हे रौशन किये जाएँ।

अरे मुर्दा क्या करेगा कफ़न का,
जो ज़िंदा है, उसका तन ढँका जाये।

हारी हुई ज़िंदगी को भी, कुछ मक़सद दिया जाये,
ख़ुद को जलाकर क्यों न, रौशनी की जाये।

विवेक गोपाल कृष्ण पाठक

फंसे रहना कब तक

फंसे रहना कब तक
खुशी के कुछ पलों की दौड़ में,
दूसरों से आगे बढ़ जाने की होड़ में,
ख़ुद को साबित करने के जोड़ में,

फंसे रहना कब तक
अपनों से छूट जाने के मोड पर,
सपनों के टूट जाने की भोर पर,
सब कुछ खो देने के बोध पर,

फंसे रहना कब तक
कब तक फंसे रहना भोग निद्रा भय और मैथुन में,
कब तक फंसे रहना, जीवन को अनदेखा करते रहने में,

कब तक डूबे रहना परेशानियों के जल में,
खुद को खो देना ढूंढते समस्याओं के हल में,
एकदम रुक जाने के पल में,
भी अगर नहीं समझा तो, यूँही बहजाएगा फिर गंगा जल में।

विवेक गोपाल कृष्ण पाठक

ग़लती और ग़ुनाह

हो जाय कुछ ग़लत तो भी, इतना बुरा नहीं होता है।-2
अच्छाई की चादर में,
छिपाकर उसे जितना बुरा होता है।

हो गया कुछ, जो बुरा लगता है,
तो फ़िर न करो उसे।-2

दोहराई गई ग़लती ही, ग़ुनाह होता है।-2

मैं शिकायत करूँ, जिसकी, तुमसे।-2
वही ख़ता ख़ुद करूँ, तो ग़ुनाह होता है।

सीता का हरण,तो ग़लत है ही।-2
पर साधू के वेश में, अक्षम्य अपराध होता है,
ग़ुनाह होता है।-2

विवेक गोपाल कृष्ण पाठक

संघर्ष और सफ़लता

चमकना सूरज का देखकर, जल जाते हैं चाँद तारे।
पर किसी को नहीं दिखती,उसके ह्रदय की आग प्यारे।

कहते हैं मुझसे तंज़ में वो,कि बेजोड़ है तेरी सफलता,
पर कितनी बार टूटा और बिखरा हूँ,
इसकी नहीं ख़बर, किसी को प्यारे।

कितनी बार टूटा हूँ, कितनी बार बिखरा हूँ,
इसकी नहीं किसी को ख़बर प्यारे।

देखकर दूसरे की सफ़लता,अक्सर जलते हैं सभी।
पर असफ़लता के सागर में, खाये हैं गोते कितने,
ये न, किसी ने जाना कभी।

बिना तपे, बिना टूटे, बिना बिखरे,
जो भी मिलता है, रह जाती नहीं उसकी क़दर कभी।

पर मेहनत और संघर्षों के बाद जो मिले,
उसे छीन पाता न कोई, तुमसे कभी।

विवेक गोपाल कृष्ण पाठक

हार और जीत

जब तुम्हारी जीत हो सोचना, हारते तो क्या करते।
क्या होते उदास, खोजते कारण, या मढ़ देते हार का दोष किसी पर।

हर कदम पर जीत मिले, ये ना कभी हो पायेगा,
हर कदम पर हार मिले, तो भी ना जीवन रुक पायेगा।

हार का अस्तित्व ही, जीत का आधार है,
हार ना हो तो जीत में रस नहीं,
और जीत न हो, तो समझो खुद को बेबस नहीं।

कमी न आये प्रयासों में अगर, जीतना तो तय है,
बात बस इतनी सी है, जो समझे तो उसकी जय है।

जीत का जश्न है जरूरी मग़र, शामिल हो उसमें ज़िक्र,
हारे के प्रयासों का भी, तो ही जीत असली कहलाये।

हर किसी की जीत में, शामिल होती हार किसी की,
पर जीत कर भी, हारे को जो गले लगाये,
तो ही जीत असली कहलाये।

विवेक गोपाल कृष्ण पाठक

हार का स्वीकार और समर्पण

जो शूल चुभते हैं हृदय में आज, भर देते हैं पीड़ा जीवन में,
उनको अगर पुष्प बनाना है,
जीवन को यदि अपने महकाना है ।
तो कष्टों को स्वीकारो, न बोलो असत्य स्वम् से,
रह जाओ दुनिया से पीछे, और फिर असफलता ही क्यों न मिले ।

झुका सिर और बढ़ते कदम तुम्हारे,
संचित और प्रारब्ध के सभी चिन्ह मिटायेंगे ।
और तुम्हारी नदी को सागर में मिलाएंगे-2
जन्म और मृत्यु के बीच, द्वन्द का जो ये खेल है-2
अंत में सारे खिलोने विलीन हो जायेंगे-2
कोई नहीं है अबतक, जो इस खेल में पूर्णतय विजयी हुआ हो, जिनको
लगता है वो जीते हैं, बस वो ही जीवन से चूके हैं -2
हार का स्वीकार और समर्पण, तो जीत की निशानी है ।

विवेक गोपाल कृष्ण पाठक

जब होना हो अनर्थ

समर्पण, जब मूर्खता का पर्याय हो जाये, बुद्धि की आजाये सीमा और
रहजाय पराक्रम निरीह निरर्थक।
तो प्रयास करना है व्यर्थ, जब होना हो अनर्थ।

आशा के सभी सेतु, बिखर जाते हैं रेत से, प्रार्थना की सरिता भी,
नहीं मिल पाती सागर से।
जब अपने लगें पराये से और शत्रु की बात में लगे अर्थ।
तो प्रयास करना है व्यर्थ, जब होना हो अनर्थ।

अपमान के अनगिनत घावों से पटाहो मन,
फिरभी रक्तरंजित जीवन, कुमकुम सा लगे।
किसीको पाने का जुनून, प्रेम कम अहंकार की तृप्ति अधिक होजाये।
जब धूमिल होने लगे, सही और ग़लत का अर्थ।
तो प्रयास करना है व्यर्थ, जब होना हो अनर्थ।

अपने ही कर्मफल का कारण,
लगने लगे कोई और, बुज़ुर्गों की अनुभव
जनित सभी सलाहें, लगने लगें व्यर्थ।
तो प्रयास करना है व्यर्थ, जब होना हो अनर्थ।

विवेक गोपाल कृष्ण पाठक

शिकायतें क्यों?

जब जुड़ते हैं दो, तो चले एक की क्यों? शिकायतें क्यों?

माना है जीवन संघर्ष, है कष्ट बहुत,
तो ढोये केवल एक ही क्यों? शिकायतें क्यों?

प्राप्त में संतोष नहीं, चाहिए आख़िर सबकुछ ही क्यों? शिकायतें क्यों?

नहीं मिला है सबकुछ, किसी को कभी, जानते हो!!
फिर भी रहती शिकायतें क्यों? इतनी शिकायतें क्यों?

पुरुष को आज़ादी, स्त्री को नियंत्रण, चाहिए आख़िर क्यों?
इतनी शिकायतें क्यों?

प्राप्त ही पार्यप्त है, और अधिक के लिए प्रयास है,
यही सदियों का सार है।

हैं शिकायतें व्यर्थ, हैं शिकायतें व्यर्थ,
समझे तो जीवन मधुवन, नहीं तो दुश्वार है।

विवेक गोपाल कृष्ण पाठक

हकीक़त

ख़ुद को सही बताने की ज़िद में,
खो देता हूँ मौका-ए-बेहतरी अक्सर।

सुन लेना उसको, सुकून से इस क़दर,
कि जानते हुए सबकुछ भी, कुछ नया सा लगे।

हो जाती है फ़ना, ज़माने को पा लेने कि, ये ज़िद मेरी,
जब भी फ़कीर सी मुफ़लिसी, होती है रौशन मुझमें॥

विवेक गोपाल कृष्ण पाठक

जग से कुछ अलग कर

छुद्र माँगकर, विराट की संभावनाओं को कम न कर।
जो मिलना है मिलकर ही रहेगा,
तू सही दिशा में प्रयासों को तो, कम न कर।

हर किसी में, वह होने की संभावना है,
जग में रहकर हर पल न सही,
कुछ देर तो अंतर में विश्राम कर।

भय ही सबसे बड़ा शत्रु है, कल क्या होगा?
को छोड़, आज में तो पूरी उड़ान भर।

जो छूट रहा है छूटने दे, जो टूट रहा है टूटने दे,
पहले, आज को तो पूरी तरह स्वीकार कर।

आज में ही जन्मेगा, कल का अंकुर,
भविष्य की योजनाओं में, समय बर्बाद न कर।

ज्ञान को सूचना बना, पुस्तकों में न धर,
जो जाना है उसे, जीवन में उतारने का प्रयास तो कर।

विवेक गोपाल कृष्ण पाठक

जागो जागो जागो

पाके भी अनेक लाभ, महिमा **वृक्ष** की नकारे तू।
जीवन आवश्यक **नीर** जानके भी, जलश्रोत को उजाड़े तू।
सूर्य से है जो प्राप्त **ऊर्जा,** व्यर्थ की तपन उसे कहे तू।

धरती की करुणा का न कोई मूल्य तुझे,
मिट्टी को धूल कह ठुकराये तू।

वायु जिससे स्वास है, जीवन का आभास है,
उसके मूल्य को भी ना पहचाने तू।

जो प्राप्त है अमूल्य है, चुका सकोगे ना कभी,
इतना इसका मूल्य है।

प्रकृति प्रदत्त हैं हाँ ये **पंच-तत्व** हैं,
जिससे बना है तू और सब संसार है।

इनको जो मिटायेगा, तो फिर कहाँ जायेगा,
वंश के विनाश का कारण स्वयं को पायेगा।

ऐसा न हो कि, फिर कभी ना भोर हो,
जागो जागो जागो इससे पहले, बहुत देर हो,
जागो इससे पहले, बहुत देर हो।

विवेक गोपाल कृष्ण पाठक

कैसे मिलेगा सुकून?

हर किसी ने ज़िन्दगी में अपना अपना दाँव खेला। -2
कुछ निकलगए आगे,बेचकर ज़मीर अपना, कुछ सही-ग़लत को तौलते
रह गए, कुछ रहे ग़ुलाम क्रोध के, काम के हाथों, कुछ सिमट के रह गए।

किसीने दौलत केलिए सीमाओं को लाँघा,कई अहंकार में घुट के रह
गए,कोई पिस गया इस द्वन्द में, कि आख़िर वो क्या करे?
कोई पाके दौलत-ए-ज़ामना भी, मुफ़लिस रह गया।

पर कुछ ने किया समर्पण, बह गए जल से,
रुकावटों के बग़ल से, मिला जो सुख तो बाँटते गए और दुःखों
को ईंधन बना, बढ़ते गए।

अरे सफ़र में ग़र जो न मिला, मंज़िल में भी न मिलेगा।
ढूंढ़ते हो जिस सुकून को वो, बाँटने में ही मिलेगा,
ठहरने में ही मिलेगा और तुम्हारे भीतर ही मिलेगा।

ख़ुशनसीब हूं मैं, कि न तो इतनी दौलत मिली,
कि ग़ुरूर करसकूँ और पाभी लिया इतना, कि बाँट सकूँ।-2

विवेक गोपाल कृष्ण पाठक

मैं कौन हूँ

प्रारब्ध की मिट्टी की मूरत, या कर्मों का बंधक,

प्रयासों का परिणाम, या असफलताओं का बोझ।

आवश्यकताओं का चिर याचक, या करुणामयी दानी,

मैं कौन हूँ

दुःख का खारा आंसू या सुख के सावन की बौछार।

ज्ञान का खोजी या भक्तिमय मीरा,

अंधकार में आशा की किरण,

डूबते का सहारा, या मँझदार में बिन-पतवार नैया।

कौन हूँ मैं ना जाने कौन हूँ मैं।।

सदगुरू कृपा से, गढ़ रहा व्यक्तित्व हूँ शायद,

प्रकाशमय सुगंध गुरु की, उठती है मेरी मिट्टी से शायद।

सागर में खोके सागर हो जाना, मीठे से खारा और फिर मीठा हो जाना।।

शायद मैं जल हूँ, शायद मैं जल हूँ,

जिसका काम है बहते जाना, बहते जाना।।

विवेक गोपाल कृष्ण पाठक

कैसा हूँ मैं ?

लगता था मुझे कि बहुत बुरा हूँ मैं,
ख़ालिस नहीं हूँ, न ही ख़रा हूँ मैं।

चाहिये ज़र-ओ-ज़मीन और शौहरत,
सबसे अलग़ कहाँ हूँ मैं?
ज़माने की तरह ही, कीचड़ में सना हूँ मैं।

पर जब मैंने ये जाना,
कि किसी के दुःख के, आँसू का कारण नहीं हूँ मैं।
पता है सब मुझे, समझदार हूँ, पर चालक नहीं हूँ मैं।
सुख़, सिर्फ़ अपने पुत्र के लिए नहीं,
औरों की औलाद के लिये भी माँगता हूँ मैं।

मिली है जो सफ़लता मुझे, उसकी कृपा से,
कम से कम उतनी तो, हर किसी के लिये चाहता हूँ मैं।

जितना समझता था बुरा ख़ुद को,
उतना भी बुरा नहीं हूँ मैं, उतना भी बुरा नहीं हूँ मैं।

विवेक गोपाल कृष्ण पाठक

मैं चाहता हूँ

लगाना चाहता हूँ उनको गले, जिनमें दूसरों ने केवल तन देखा,
बैठना चाहता हूँ उन सबके करीब, जिनका न कभी किसी ने मन देखा।

मुस्कुराना चाहता हूँ उन सबके साथ, जिनका न किसने कभी ग़म देखा।
ठहरना चाहता हूँ उन सबके साथ, जिन्होंने फ़ुर्सत न एक पल देखा।

उड़ना चाहता हूँ उनके साथ, जिन्होंने न कभी आसमां देखा।
किसी ने तन, किसी ने धन, तो किसी ने मतलब देखा,

वो भी एक इंसान है, उसका दर्द किसी ने न देखा।
दर्दमंदों और ज़ईफों से मुहब्बत का सिला, अब कुछभी हो,
आखिरी सांस तक, दिल उनके लिए रखना चाहता हूँ।

जानता हूँ पड़ेगा फर्क न, इन लब्जों का किसी पर,
बस अपनी बात कहकर, सुख से मारना चाहता हूँ।

इंसान हूँ इंसान होने का अहसास, हर इंसान में जगाना चाहता हूँ।
बस यही मैं चाहता हूँ बस यही मैं चाहता हूँ।

विवेक गोपाल कृष्ण पाठक

मेरा दुःख

ख़ामोश रह जाता हूँ, जब किसी को मज़बूर देखता हूँ। -2
इंसान हो या जानवर, क्यों हर किसी के दर्द में ख़ुद को देखता हूँ।

नहीं सुहाती सफलता मेरी मुझको,
जब किसी को दो पैसे के लिये भी, तरसता देखता हूँ।

दुःखी हूँ उद्देश्य विहीन युवाओं को देखकर,
परेशान हूँ दिशाहीन बचपन को देखकर,
हताश हो जाता हूँ, बोझ उठाते बुढ़ापे को देखकर।

ख़ामोश रह जाता हूँ, जब किसी को मज़बूर देखता हूँ।
अक्सर पड़ जाती है बाप की कमाई कम,
बच्चों की ख्वाइशों के आगे, क्यों?

माँ का प्यार, जीवनभर का दुलार, लगने लगता है बोझ, क्यों?
माँ बाप से बुढ़ापे में अलग हों,
ऐसे बच्चों का, पैदा ही हो जाना क्यों?

नए बनाने की होड़ में, पुराने संबंधों से मुँह मोड़ना, क्यों?
पाने के बाद भी, और पाने की अंधी दौड़ में,
जीवन को यूं गँवाना, क्यों?

विवेक गोपाल कृष्ण पाठक

मेरी बात

तुम करने में फल की बात करते हो,
मैं करने को ही फल समझता हूँ ॥

तुम पूजा मैं प्रसाद की बात करते हो,
मैं पूजा को ही प्रसाद समझता हूँ ॥

तुम दुनिया की बात करते हो, मैं ख़ुद की बात करता हूँ ॥
तुम दुःख के आँसू की बात करते हो,
मैं सुख के आँसू की बात करता हूँ ॥

तुम पाकर और पाने की बात करते हो,
मैं पाकर चुकाने की बात करता हूँ ॥

तुम दुनिया की बात करते हो, मैं ख़ुद की बात करता हूँ ॥
तुम घाटे की बात करते हो, मैं घाट की बात करता हूँ ॥
तुम फ़ायदे की बात करते हो, मैं कायदे की बात करता हूँ ॥
तुम दुनिया की बात करते हो, मैं ख़ुद की बात करता हूँ ॥
तुम प्यास की बात करते हो, मैं तर्पण की बात करता हूँ ॥
तुम आस की बात करते हो, मैं विश्वास की बात करता हूँ ॥
तुम दुनिया की बात करते हो, मैं ख़ुद की बात करता हूँ ॥
तुम पंछी की बात करते हो, मैं उड़ान की बात करता हूँ ॥
तुम महल की बात करते हो, मैं नींव की बात करता हूँ ॥
तुम दुनिया की बात करते हो, मैं ख़ुद की बात करता हूँ ॥

तुम बीज की बात करते हो, मैं बीज की यात्रा की बात करता हूँ ॥

तुम दिन-रात की बात करते हो, मैं संध्या की बात करता हूँ ॥

तुम बाहर की बात करते हो, मैं भीतर की बात करता हूँ ॥

तुम दुनिया की बात करते हो, मैं ख़ुद की बात करता हूँ ॥

विवेक गोपाल कृष्ण पाठक

ख़ुद से बात करो

अपनों को जाना, परायों को समझा-2
पैसों में उलझा, कामनाओं में बीधा,
रहा जीवन भर आपाधापी में।

फिर भी, ख़ुद से न की, कभी बात लेकिन।

दूसरों से छीनकर अपनों पर लुटाना,
समझ न आई ये बात लेकिन।
कुछ भी पा लो, कमी तो रह ही जाती है,
दौड़ धूप में व्यर्थ जीवन गँवाया।

फिर भी, ख़ुद से न की, कभी बात लेकिन।
बारिश में भीगो, परिंदों सा उड़ो,
मिट्टी में उतरो नंगे पैर फिर से।
क्या जाने कब फूट जाये बुलबुला ये?

अरे, लेकिन को छोड़ो, काश को गोली मारो,
ख़ुद से बात करो, फिर नई शुरुआत करो -2

विवेक गोपाल कृष्ण पाठक

न शिक़ायत है अब, न शिक़वा कोई

न कोई शिक़ायत है अब, न शिक़वा कोई ।-2
तुमने जो किया, वो तुम्हारे सामने आयेगा,
मुझे जो मिला, मेरा किया मेरे सामने आया ।
न कोई शिक़ायत है अब, न शिक़वा कोई ।

यूं तो कर्मों का खेल आसान नहीं, -2
कुछ शर्तें हैं, जो पूरी करते जाना है ।
कि अपना किया ही, आज नहीं तो
कल सामने आना है ।-2

क्यों करें वो दूसरों के साथ,
जो ख़ुद के साथ होना ग़वारा नहीं ।-2

तुम्हें जिताने के लिए, खो दिया जिसने सबकुछ,-2
कभी उसको हराना नहीं ।
जो सरल है, जो सहज, उसके साथ विश्वासघात, -2
ईश्वर को स्वयं के विरुद्ध कर जाना है,
ईश्वर को स्वयं का शत्रु बनाना है ।-2

विवेक गोपाल कृष्ण पाठक

आगे बढ़ो और बढ़ते रहो

रूठ कर जाने वाला तो, अक्सर वापस आ जाता है।-२
पर मुस्कुरा के जो जाता है, वह फिर कभी वापस नहीं आता है।

व्यर्थ है, लगाना कयास और करते रहना प्रयास, -२
टूटे कांच को जोड़ने का।

शाख से टूटा फल और मन से उतरा रिश्ता, -२
फिर वापस नहीं जुड़ पता है।

लो सबक अपनी गलतियों से, -२
और आगे बढ़ो।

करो स्वीकार उसे, जिसे बदल ना सको।-२
आगे बढ़ो और बढ़ते रहो। आगे बढ़ो और बढ़ते रहो।

विवेक गोपाल कृष्ण पाठक

पूर्वज

कहते हैं न कि, जो मर जाते हैं वो बस यादों में रह जाते हैं।
रहता नहीं उनका वज़ूद, वो बस बातों में रह जाते हैं।
ग़लत कहते हैं!!
हर सुख अधूरा रह जाता है, जिनकी कृपा बिना,
न हो पाए कोई पूजा या संस्कार पूरा, जिनको पूजे बिना।
न बढ़ सके वंश, जिनके आशीष के बिना,
न होगी पहचान तुम्हारी पूरी, जिनके नाम के बिना।

बात कर रहा हूँ मैं उनकी,
जिनके मौन त्याग और संघर्ष के फल तुम हो।
बात कर रहा हूँ मैं पूर्वजों की, बात कर रहा हूँ मैं पितृों की।
होंगे नहीं प्रसन्न ईश्वर भी तुमसे, जबतक हैं कष्ट में वो।

कुछ है ऐसा जो वो स्वयं के लिए नहीं कर सकते,
बस यही अपेक्षा उनकी रहती है तुमसे,
की वो काम तुम उनके लिए करो।

श्राद्ध करो-श्राद्ध करो, कि करो उनको याद,
कि रोज़ करो उनके लिए ईश्वर से फ़रियाद।
बस यही होगा सच्चा श्राद्ध, बस यही होगा सच्चा श्राद्ध ॥

विवेक गोपाल कृष्ण पाठक

पुराना मकान

एक पुराने घर में चूने की पुताई, और रंग रोग़न,
घर में गूँजता संगीत और गाना बजाना, और
दरवाजों को गेंदे के फूलों से सजाना,
दुल्हन के आगमन का समय, और आंगन को ख़ुशिओं से सजाना।

पुराने घर की दीवारों से पुलकित हरियाली,
जैसे पित्रों का, पूर्वजों का आशीर्वाद पाना।
भविष्य की ख़ुशियाँ, ऊँचे भवन और जीवन में आगे बढ़ते जाना,
पर अपने पुराने मकान को, न कभी अपनी स्मृतिओं से मिटाना।

पूर्वजों की चेतना के प्रतीक,
उस पुराने मकान की स्मृतियों को, न कभी अपने ह्रदय से मिटाना।
उससे जुडी, उन सभी कहानिओं और भावनाओं को,
नई पीढ़ी में संस्कारों की तरह पिरोते जाना।

पूर्वजों का आशीर्वाद पाते जाना,
पूर्वजों का आशीर्वाद पाते जाना।

विवेक गोपाल कृष्ण पाठक

पिता होना क्या है?

ख़ुश था बहुत उस ग़रीबी में भी, जब पिता का साथ था।
थीं उम्मीदें, था जूनून कुछ कर दिखाने का,
और था साथ पिता का, इसलिए न उदास था।

मिला मुझे अपनी क़ाबलियत से बहुत अधिक,
क्योंकि पिता ने किया मेरे लिये, उनकी हैसीयत से बहुत अधिक।

सोचता था न भूल पाऊँगा कभी वो खुशियाँ,
जो उनके काँधे पर चढ़कर पाईं थीं,
सब विदा हुईं जब वो मेरे काँधे पर थे।

पिता होना क्या है? वो मुझे अपने पिता से विरासत में मिला,
और मिला नन्हासा एक पुत्र, जो पुत्र कम पिता सा अधिक मिला।

पिता, गुरु और शिव होते प्रतीत पृथक,
शिव सम गुरु, गुरु सम पिता, पिता सम शिव,
न भूतो न भविष्यति ॥

विवेक गोपाल कृष्ण पाठक

पुत्र होना क्या है?

जब मिलता है हमारे किये का परिणाम हमें,
तभी क्यों लगता है, कि जो किया, वही नहीं करना था हमें।

पिता दशरथ, शांतवन, जनक और वसुदेव तो होते ही हैं,
पर राम, श्रवण, सीता और कृष्ण होना है हमें।
फिर पिता रावण और हिरण्यकश्यप क्यों न हों,
मेघनाथ और ध्रुव होना है हमें।

पुत्र होना क्या है?
जो पिता को शत्रुओं और समस्याओं में कभी अकेला न छोड़े।
जो पिता के चरणों में अपने सुख, सम्पत्ति, वैभव यहाँ तक कि, अपनी
मुक्ति का भी बलिदान कर सके।

पिता से जब कष्ट और कठोरता ही मिले,
तो ये बस कर्मों का ऋण है जो पुत्र को चुकाना है।
फिर भी राम, कृष्ण, श्रवण, सीता, मेघनाथ और ध्रुव होना संभव है।
इस और निरंतर प्रयासरत रहना ही, सच्चे अर्थों में पुत्र होना है।

विवेक गोपाल कृष्ण पाठक

प्रेमिका और पत्नी

प्रेमिका

चाय बनाना आता है तुमको?
कहती हो मेरी ज़िंदगी को जन्नत बनाओगी।
बुरा वक्त आया और टाइम होगया पास,
तो 'पापा नहीं मानेंगे' कहती नज़र आओगी।

कहती हो मेरी ज़िंदगी को जन्नत बनाओगी।
बहाने होंगे हज़ार मुझसे दूर होने के,
पर ग़म में साथ देने की हिम्मत नहीं जुटा पाओगी।
कहती हो मेरी ज़िंदगी को जन्नत बनाओगी।

मैंने तो ख़ैर माफ़ कर दिया तुमको,
पर क्या तुम ख़ुद को माफ़ कर पाओगी ?
कहती हो मेरी ज़िंदगी को जन्नत बनाओगी।

पत्नी

चाहत की हर चीज़ मिली है मुझे, जिससे, बिन माँगे, वो तुम हो।
हर कदम पर पाया है जिसका साथ मैंने , वो तुम हो।

जिसकी थी तलाश हमेशा मुझको, वो तुम हो।
यूं तो टूट ही गया था भरम इश्क़ का लेकिन,
जो भी प्रेम में बसी है आस्था मेरी, वो तुम हो , वो तुम हो।

विवेक गोपाल कृष्ण पाठक

तुम और मैं

ऐसे नहीं चलता कि तुम रूठती रहो, मैं मनाता रहूँ,
कभी मैं रूठूँ और तुम मनाओ, पर इसमें भी वो बात नहीं।

कभी ऐसा भी हो कि हम, दूर होकर भी नाराज़ न हों,
कि हम पास बैठें ख़ुशी से और कोई बात न हो।
की मेरी कमियों को तुम, गुलाब में काँटे की तरह स्वीकारो,
और मैं तुम्हारी कड़वी बातों को, नीम सा समझूँ।

ऐसा तो नहीं होता कि, सबकुछ दे सकें एकदूसरे को हम,
होता नहीं वैसा सबकुछ कभी, जैसा चाहें हम।

एकदूसरे को सुधारने कि जगह, क्या ये नहीं हो सकता?
कि जो हो एकदूसरे को पसंद, करें वो हम।
मुझे तो यही सही लगता है, तुम बताओ तुम्हें क्या लगता है?

विवेक गोपाल कृष्ण पाठक

तुम्हारा साथ

यौवन की धूप में युगल, प्रेम रत तो रहते ही हैं।-2

पर तुम्हारे माथे की सफ़ेदी में भी,
प्रेम कम नहीं और बढ़ गया है।
जीवन की तपती धूप से,
सावन की पहली बयार हो गया है।

रति से निवृत्ति की ये यात्रा,
हर किसी को नसीब नहीं होती।-2
पर तुम्हारे साथ ये सफ़र, आसान हो गया है॥-2

कहते हैं अंत में हर कोई, अकेला ही रहजाता है।
जैसे सुगंध को बिखेर के, पुष्प सूख जाता है॥-2

सूखे पुष्प में बीज का, तुम्हारे साथ से,
मैं सृजन बन जाता हूँ॥-2

विवेक गोपाल कृष्ण पाठक

"स्वान", मानव का परम मित्र

जब मेरी गाड़ी देखकर, वो रुक जाते हैं, -2
आँखों में ख़ुशी और प्यार से दुम हिलाते हैं।

ज़रूरी नहीं, हर बार उनको मुझसे कुछ चाहिए,
किसी मोड़ पर मैं, कहीं खड़ा हूँ, मुझसे मिलने यूँ ही चले आते हैं।

लोग कहते हैं, मैं उनके लिए बहुत करता हूँ,
कैसे बताऊँ, उनके लिए थोड़ा कुछ करके, मैं कितना सुख पाता हूँ।

अपने मानव होने का अहसास, और प्रखर होता है,
जब भी इन मासूमों के लिए कुछ कर पाता हूँ।

जब भी इन मासूमों के लिए कुछ कर पाता हूँ,
खुद को शिव के और निकट पाता हूँ।-2

विवेक गोपाल कृष्ण पाठक

अपेक्षा की व्यर्थता

व्यर्थ अपेक्षा, प्रेम के बदले प्रेम की,

व्यर्थ अपेक्षा, वात्सल्य के बदले समर्पण की,

व्यर्थ अपेक्षा, त्याग के बदले प्राप्ति की,

व्यर्थ अपेक्षा, भक्ति के बदले वरदान की,

व्यर्थ अपेक्षा, सहयोग के बदले सहयोग की,

व्यर्थ अपेक्षा, कार्य के परिणाम की,

व्यर्थ अपेक्षा, दान के पुण्य की,

व्यर्थ है अपेक्षा, अपेक्षा ही व्यर्थ है।

विवेक गोपाल कृष्ण पाठक

कारण कार्य और परिणाम

कारण बन ही जाता है, भोगने हों अगर कष्ट तो।
राहें खुल ही जाती हैं, मिलनी हों अगर मंज़िलें तो।

कहाँ बच सका है सागर तपने से,
होनी हो अगर बारिश तो।

अवश्य ही कोई कारण है हर कार्य का, और है संभव, कोई न कोई परिणाम हर कार्य का।

फिर कहना कि, ये क्यौँ हुआ? या कि,ये क्यौँ नहीं हुआ? बेमानी है।

तुम्हारा किया ही तुम्हारी स्थिती का है कारण, पर परिणाम कैसा होगा?, ये सिर्फ तुम पर है निर्भर।

स्वीकारो स्थिती, संभव का करो प्रयास, फिर चाहे मिले पूर्ण तृप्ति या कि रह जाये अनंत प्यास।

विवेक गोपाल कृष्ण पाठक

कर्मों के बोझ को कम कर लिया जाये

सदमार्ग पर चलकर, असफलता ही क्यों न मिले।-2

असहाय के रक्षण में, मृत्यु ही क्यों न मिले।-2

प्रेम के बदले धोका और

विश्वास करके घात ही क्यों न मिले।-2

कुछ भी कर लो, मिलने हैं अगर कष्ट तो,-2

मिलकर ही रहेंगे।

तो फिर पोंछ के किसी के आँसू,

लाकर किसी के मुख पर मुस्कराहट।-2

किसी गिरते को सम्हालकर, निराश के मन में,

आस का दिप प्रज्वलित कर, क्यों न जिया जाये।-2

बदले में फिर जोभी मिले, स्वीकार कर लिया जाये।-2

इस तरह अपने कर्मों के बोझ को, -2

कुछ और कम कर लिया जाये।-2

विवेक गोपाल कृष्ण पाठक

तुम्हारा सच

उसने पूछा कि, आप जो कह रहे हैं,
मैं कैसे मानूँ कि वो सच है।
मैंने कहा, सच अगर मैं बोलूँ
तो क्या तुम सुन पाओगे।-2

अकेले में आईने के सामने,
चार खरे प्रश्न ख़ुद से कर पाओगे।

वहाँ कोई दूसरा नहीं होगा, जिसे मूर्ख बना पाओगे।
तुम्हारा सच क्या है, तुम्हें मालूम ही है,
कहाँ तक उस सच से भाग पाओगे।-2

ख़ुद पर दया करो और स्वीकार लो, जैसे भी हो तुम।
क्यों कि स्वीकारे बिना,
इस कुचक्र से मुक्त नहीं हो पाओगे।
और जिसे कहते हो सुकून, कभी नहीं पा पाओगे।-2

विवेक गोपाल कृष्ण पाठक

करुणा

तन पे वो ज़ख्मों के नक्श, उनसे बहता खून।
सर्द रातों में सोने का तो क्या? रोटी का न हो ठिकाना
और उसपे तन्हा तन्हा जीने को मजबूर।

नंगे पैर, आँख में आंसू, सुबह से भूखा है शायद,
खेल-कूद पढ़ाई से दूर, माँ बाप का दुलार तो क्या?
रोटी के लिये सड़क पर मजबूर है शायद।
उठ गया साया बेवक़्त जरूर, इसके भी सर से है शायद।

क्या मांगूँ तुझसे खुद के लिए अब, कि बे सहारे को सहारा,
निराश को आशा मिले।
की हर बाग़ को माली,
हर बचपन को माँ बाप की छांव मिले।

कि सुख हो या दुख, जीवन हो या मरण,
सफलता हो या हार मिले।
पर हर हृदय तेरे ही बोध के जल से सरोबार मिले।

विवेक गोपाल कृष्ण पाठक

क्षमता

क्षण भर में 'सम्पूर्ण-अर्जित' त्यागने की क्षमता।

क्षण भर में 'प्रियतम-प्यारे' से विमुख होने की क्षमता॥

क्षण भर में किसी 'निरीह-पराये' को ह्रदय से लगाने की क्षमता।

क्षण भर में ही 'जन कल्याण यज्ञ' में स्वयं की आहुति देने की क्षमता।

अगर आप में है, तो आप उस 'अवर्णीय सर्वेश्वर स्थिती' के सबसे निकट हैं।

आपका भूत मिट चुका है, वर्तमान उद्दीप्त है और भविष्य उज्जवल।

॥ शुभं भवतु ॥ ॥ ॐ नमः शिवाय ॥

विवेक गोपाल कृष्ण पाठक

सच्ची प्रशंसा

किसी और की सफलता देखकर,
आपका दिल खिलजाये।

किसी और की चमक में भी,
आपको अपनी रौशनी का अहसास हो।
किसी और की उड़ान में भी, अपनी सी ऊंचाई का अहसास हो।
जब कोई आगे बढे तो, ईर्षा का नाम-ओ-निशाँ न हो।

और दूसरे के पुरूस्कार में, आपकी भी तालियाँ शामिल हों।-2
तो जान लीजिये वो दिन अब दूर नहीं-2
कि ये सफलता, ये चमक, ये पुरूस्कार,
ये उड़ान आपकी भी होगी।

विवेक गोपाल कृष्ण पाठक

समर्पण की आवश्यकता

दिखने लगे जीवन का सत्य...
जब मुड़ने लगें मुख, जब छूटने लगें हाथ, जब लगने लगें झूठे सब संबंध,
जब यौवन में ही हो, काया रोगोँ से ग्रसित,
जब सफलता में अतृप्ति मिले, और असफलता चहुँ ओर हो।

तब दिखने लगे जीवन का सत्य..
अपना किया सब जब अपना न लगे, और सब उसको न्योछावर हो,
अब चाहे वो बाहर कहीं हो न हो,
पर स्वयं में हर पल, उसकी ही प्रतीति हो।

तब दिखने लगे जीवन का सत्य...
जब ज्ञान की सीमा आये, और समर्पण ही जीवन का पर्याय लगे,
और दिखने लगे जीवन का सत्य।
तो माया का जाल हो या हो भव का सागर,
हो कर्मों की जटिलता या प्रारब्ध के बंधन।

टूट जाते सब कांच की तरह, गल जाते सब मोम की तरह,
उड़ जाते सब वाष्प की तरह।
फिर होती काल चक्र से मुक्ति
और समर्पण की नाव से संभव, नश्वर से अविनाशी की यात्रा॥

विवेक गोपाल कृष्ण पाठक

संभव है

नहीं पैसा आवयश्क इतना जीवन के लिए,
पर जी रहे पैसों के लिये लोग
दौड़े जा रहे दिनरात पर, है पहुंचना कहाँ नहीं जानते लोग
और पाने की दौड़ में, प्राप्त का उपयोग नहीं कर पाते लोग
क़्या है जीवन? क्योँ है जीवन?

आखिर है करना क्या? नहीं जानते लोग
बल मिले तो कमज़ोर को सताते लोग
धन का दुरूपयोग कर, दान के अवसर खोते लोग
ज्ञान के मद में चूर, फिर भी ज्ञानी कहलाते लोग
बिना समझे समर्पण की गहराई, भक्ति में इठलाते लोग
प्रवृतिओं से होकर ग्रसित, जीवन व्यर्थ यूँ ही गंवाते लोग
संभव है परेशनियों में भी ख़ुशी से झूमते जाना
संभव है बिना अपेक्षा प्रेम कर पाना
संभव है बिना अपेक्षा सहायता कर पाना
हाँ संभव है भय से मुक्ति पाना
हाँ संभव है जग से पार पा जाना
हाँ संभव है ख़ुदको पा जाना

विवेक गोपाल कृष्ण पाठक

स्वम् की कमाई

अहसान में किसे मिला है सुकून
और उधार में कहाँ राहत की सांस है-2,

जो बात अपनी थोड़ी सी कमाई में है,
वो कहीं और नहीं-2

कि जिम्मेदारिओं से भागकर,
बिना मेहनत किये कहाँ आराम है-2

और जो लोग, उसको पाने के लिए छोड़ देते हैं
घर-बार, त्याग देते हैं परिवार, तो कैसे संभव होगा ईश्वर का साक्षात्कार।

अपने कष्ट स्वीकारो और अपने सुखों को बांटो-2
और चलते रहो इसी में सार है-2

विवेक गोपाल कृष्ण पाठक

न होना ही होना है

तपस्वियों को देखा, त्यागिओं को जाना,
ज्ञानिओं को समझा, भक्ति को माना।

क्या करूँ जिससे उसको जान पाऊँ,
कैसे उसको महसूस कर पाऊँ,
आख़िर क्या करूँ कि उसको पा जाऊँ।

जैसे हनुमत जपते हर क्षण राम को,
जैसे मीरा भजती प्यारे घनश्याम को,
जैसे नंदी करते प्रतीक्षा भोलेनाथ की।

बस वैसे ही जप पाऊँ मैं, एकबार पूरी तरह से राम को।
बस वैसे ही भज पाऊँ मैं, एकबार मीरा सा घनश्याम को।
बस वैसे ही धार पाऊँ नंदी सा धैर्य एकबार,
और मिट जाऊँ, मिट जाऊँ मैं।

विवेक गोपाल कृष्ण पाठक

सरल होना ही बुद्धिमान होना है

न समझ हैं जो बकते रहते हैं, ये जताने को,
कि वो समझदार हैं।

न जाना उसने कुछभी, अगर जग को जीतकर भी,
रह जाये ये प्रश्न, कि मैं हूँ कौन?

आ जाता है समझ में जिसके कुछ,
अक्सर वो रह जाता है मौन।

समझ के नहीं किया जा सकता कुछ भी ग़लत,
और न समझी में किया यज्ञ भी, हो जाता है व्यर्थ।

मेरी समझ में, आवश्यक नहीं समझदार होना,
और जो सरल न हो सका, उसका तो होना ही है व्यर्थ।

विवेक गोपाल कृष्ण पाठक

क्यों चाहिए सब?

पैसा, ज़र-ओ-ज़मीन, मोहब्बत, वारिस, औरत और सबसे ऊपर ताक़त...

आदमी को सब चाहिए...-2

उसपे, जितना मिल गया काफी नहीं, और चाहिए...-2

देखता नहीं रुककर पल भर भी, कि क्यों आया है?-2

बस दौड़ता रहता है, और के फेर में...

गँवा देता है आजको बस इसलिए, कि कल जीसके-2

एक तो ज़रूरी नहीं कि कल आये...

दूजा आएगा भी, तो आज बनके ही आएगा..-2

यही एक पल है जीलो इसे, ऐसे...-2

कि ख़ुद का पेट भरा हो,

तो औरों की भूख मिटा पाओ...

चेहरे पे तुम्हारे मुस्कुराहट हो,

तो रोते के आँसू पोंछ पाओ...

और जो हार गया हो जीवन से,

उसे जीना सिखा पाओ।

विवेक गोपाल कृष्ण पाठक

स्वीकार की महक

जो पास है उसे खो जाने दे,
जिसका डर है उसे ही जाने दे।

आशा है जिससे, उससे भी निराश ही जाने दे।

प्रेम की सुगंध आती है जिस ओर से,
उस बाग को भी, उजाड़ जाने दे।

जितना होना है बुरा, हो जाने दे।
ज़रा मुझसे भी मेरे कर्मों को, रूबरू हो जाने दे।

हो जाने दो कर्मों के, इस कचरे को साफ,
दीपावली की सुंदर सुगंध को आने दे।

होंगे मार्ग अनेक तुझ तक आने के,
पर यूँ नहा निवृत्त हो, मुझे तुझ तक आने दे।

विवेक गोपाल कृष्ण पाठक

स्वयं के सत्य का अनुभव

बहुत कष्ट हैं इस दुनियाँ में,
किसी के पास कम या ज्यादा नहीं,
हर एक के पास है अपना अपना,
देखो जब भी मजबूर या लाचार को,
बाँट लो जो भी बाँट सकते हो,
की उसका, तुममें, होने का तुम्हें अहसास हो।

विवेक गोपाल कृष्ण पाठक

मैं क्या हूँ? सबकुछ तुम हो।

मैं क्या हूँ? मुझमें मेरा सबकुछ तुम हो।
असमय पटका गया धरा पर, बीज से वट वृक्ष बना,
कारण तुम हो।

जीवन में जलके, राख से पहले, हुआ जो प्रकाश मुझमें,
कारण तुम हो।
कर्मों के दल दल से निकलने की, जो आस है मुझमें,
कारण तुम हो।
मेरी हर समस्या का निवारण तुम हो, जो भी अच्छा है सार्थक है मुझमें,
कारण तुम हो।
मुझमें इस मिठास का भी कारण तुम हो।
मैं क्या हूँ? मुझमें मेरा सबकुछ तुम हो।
धरती में जीवन, जल में तृप्ति, सूरज में जो आग है,
कारण तुम हो।

जीव में प्राण तुम हो, निर्जीव का भार तुम हो,
जो नहीं है वो भी तुम ही हो, जो है उसमें भी तुम ही हो।
तुम ही कारण, तुम ही कर्ता, कार्य भी तुम ही हो,
समस्त अस्तित्व का, एकमात्र आधार भी तुम ही हो।
मैं क्या हूँ? मुझमें मेरा सबकुछ तुम हो। -2

विवेक गोपाल कृष्ण पाठक

तू ही है बस

कौन देखता है दिल को? सबने दौलत देखी।-2

क़ाबलियत की बात न करें,

हर किसीने बस सहूलियत देखी।-2

और... कौन देखता है रूह को? -2

हर किसीने बस तिज़ारत देखी।

कहने को तो बहुत हैं अपने,

पर तुझसे जो मिली, ऐसी न मोहब्बत देखी।-2

जो हूँ, जैसा हूँ, जिस हाल में हूँ,

तेरी रहमत में, न मैंने कमी देखी।-2

बाज़ार में हो या इबादत में,

शायर में हो, या कि फ़कीर में।

मैंने सब में, बस तेरी रौशनी देखी।-2

दिन का आराम, चैन की नींद न देखी,-2

जब भी बरसा नूर, अपनी प्याली भरती देखी।-2

विवेक गोपाल कृष्ण पाठक

परिवर्तन का अनुभव

पूछते हैं लोग, जो भी करते हो वो करके,
क्या बदला तुममें?

मैं कहता हूँ, कड़वा हो या मीठा, हर सच स्वयं से, कहना सीख गया हूँ।
गलतियाँ तो अब भी होती हैं मुझसे, लेकिन पहले से बहुत कम।

जो कष्ट असहनीय थे पहले,
किसी तरह उन्हें स्वीकारकर, सह लेता हूँ।

ऐसा नहीं कि भविष्य का डर, सताता नहीं मुझे, पर थोड़ा बहुत वर्तमान में जीना, सीख ही लिया है मैंने।

और पाया है कि, आत्मा के अमृत-रस का आनंद, जीवन की परेशानियों, विपत्तियों और द्वन्द की कड़वाहट को स्वीकारे बिना, संभव नहीं।

विवेक गोपाल कृष्ण पाठक

समय की पूँजी

जब मैं बात करता हूँ,
तो कह नहीं पाता, जो कहना चाहता हूँ,
और जो रह जाता हूँ मौन तो,
कहते हैं लोग, कि कुछ कहता नहीं।
वो कहते हैं पागल है, उल्टा चल रहा है ज़माने से,
और मैं कहता हूँ,
जी हुज़ूरी दुनिया की करके, क्या पा लिया तुमने।

जीवन की असली पूँजी 'समय' गँवा रहे हो,
जो इक्कट्ठा कर भी लिया सब, तो जिओगे कब।
ज़रुरत सब की पूरी होती है, इक्छाएं नहीं,
कभी कम नहीं होता, जो मिला हुआ है,
और के चक्कर में, जो प्राप्त है उसे भी गँवा रहे हो।

मृत्यु के क्षण, व्यर्थ गंवाये जीवन की कीमत तो पता चल ही जाती है,
मैं कहता हूँ कि जीवित रहते जागो, तो कहते हैं अभी समय नहीं।

विवेक गोपाल कृष्ण पाठक

संतुलन आवश्यक है

रोग में और स्वास्थ में आवश्यक है संतुलन,
भोज में और उपवास में आवश्यक है संतुलन।
प्रेम में और घृणा में आवश्यक है संतुलन,
सुख में और दुःख में आवश्यक है संतुलन।
अपेक्षा में और उपेक्षा में आवश्यक है संतुलन,
प्रयास में और आलस्य में आवश्यक है संतुलन।

भोग में और त्याग में आवश्यक है संतुलन,
राग में और वैराग्य में आवश्यक है संतुलन।
माया में और सत्य में आवश्यक है संतुलन,
भक्ति में और ज्ञान में आवश्यक है संतुलन।
दान में और शोषण में आवश्यक है संतुलन,
कर्म में और भाग्य में आवश्यक है संतुलन।

जीवन में और मरण में आवश्यक है संतुलन,
मोक्ष में और मुक्ति में आवश्यक है संतुलन।
कमी में मेहनत से और अधिकता में बाँट के आये संतुलन।
अपने अस्तितत्व की पूर्णता को पाना है अगर,
तो आवश्यक है संतुलन, संतुलन ही आवश्यक है॥

विवेक गोपाल कृष्ण पाठक

शायद

मिली है पीड़ा दुनिया से बहुत,
फिर भी न जाने क्यों? आस बाकी है।

जानता हूँ शराब-ए-दुनिया, मार देगी एक दिन,
फिर भी, रास्ता-ए-मयख़ाने की याद बाकी है।

कर-कर के तौबा, हर बार भटका हूँ,
न जाने क्यों फिर भी, थोड़ा यकीन बाकी है।

ख़ुद का किया ही भुगत रहा हूँ शायद,
नहीं मिलेगा सुकून, जब तक,
मुझमें ये 'शायद' बाकी है।

विवेक गोपाल कृष्ण पाठक

वृक्ष की अभिलाषा

उखड़ भी गया, अपने कर्मों की बाढ़ से तो भी,
धरा पर गिर, बीज से फिर वृक्ष हो जाऊँगा।

न मिली सरिता, सागर तक पहुंचने के लिए तो भी, टिका रहूँगा आँधी,
तूफ़ान, अकालों में, करके अपनी जड़ों को गहरा।

अपने बीज़ से, 'वन' बना सागर को रिझाऊँगा,
बूँदों सा एक दिन उसको, ख़ुद पर बरसाऊँगा।

वृक्ष हूँ, धरा से जुड़कर ही,
एक दिन गगन को पा जाऊँगा।

विवेक गोपाल कृष्ण पाठक

अब कुछ अलग है

वही दुनिया है, वही मैं भी हूँ, पर फिर भी,
पहले से सबकुछ अलग है।
दौलत है, शोहरत है, पाने को,
फिर भी ख्वाइश-ए-दिल, अब कुछ अलग है।

जुड़ा तो हूँ ज़माने से, पर मरासिम-ए-ज़माना,
अब कुछ अलग है।
तन्हा भी हूँ, हूँ भीड़ में भी, पर एहसास-ए-तन्हाई,
अब कुछ अलग है।

सुना तो था, कि तुझको पाना ख़ुद को खोना है,
पर ख़ुद से जुदाई का सफ़र, और इतना ख़ुशनुमा,
ये राह और ऐसा रहगुज़र,
मंज़िल की चाह, अब कुछ अलग है।

विवेक गोपाल कृष्ण पाठक

वो अमूल्य क्षण

वो क्षण, जब कह सकूँ कि पा लिया,
तरसता रहा, जन्मों-जन्मों जिसके लिये।

वो क्षण जब स्वयं से तृप्त हो, कर सकूँ कुछ,
अँधेरे की अग्नि में जो अतृप्त जलते हैं, उनके लिये।

वो क्षण जब बोध हो, वो क्षण जब बोध हो,
कि दिया सूर्य में या बूँद सागर में मिले, और सम्पूर्ण हो।

वो क्षण जब कुछ भी, पाने खोने को ना रहे,
और विदाई पूर्णता से भर जाये।

वो क्षण जब तू हो, बस तू ही हो,
और मेरा सार, तुझमें मिलकर सर्वत्र हो जाये।

प्रफुल्लित हूँ जब तेरी एक बूँद से यूँ
तो कैसा होगा, बोध के सागर में घुलने का वो क्षण।

वो क्षण वो अंतिम क्षण, जब मैं तू हो जाऊँ।
वो अमूल्य क्षण, जब मैं तू हो जाऊँ, वो अमूल्य क्षण॥

विवेक गोपाल कृष्ण पाठक

अपने होने का औचित्य!

किसी ने क्या खूब कहा है कि,
जरूरी नहीं, हर किसी को **मंज़िल** मिल जाय।
तो ज़नाब किया क्या जाये?
मुझे लगता है **दिया** बनके, **राहों को रोशन** किया जाये।
लोग कहते हैं तुम्हारा दिया, इस **अँधेरे** को मिटा पायेगा?
और मैं कहता हूँ, कम से कम मेरा होना, **सार्थक** हो जायेगा।

विवेक गोपाल कृष्ण पाठक

किसी से अब कुछ कहता नहीं

मैं किसी को, अब टोकता नहीं,
चलते पहियों को, अब रोकता नहीं।
हर कोई चलता है, अपनी ही समझ से,
क्या सही है, क्या ग़लत, बिन पूछे किसी को,
अब कुछ कहता नहीं।

हर किसी की गति है,हर किसी का गंतव्य,
जब तक न लगे ठोकर और खुल न जाएँ आँखे,
मैं ग़लत था, ये कोई कहता नहीं।
जो दृष्टि है प्राप्त, जो थोड़ा सा ज्ञान है,
मैं तो अभिभूत हूँ, पर अब, किसी पे ये थोपता नहीं,
बिन पूछे किसी से अब, कुछ कहता नहीं।

लगा हूँ ख़ुद की उलझने सुलझाने में, सुलझ भी रही हैं,
उतर रही है जो रौशनी, उसमें नहाने को,
किसी को अब कहता नहीं।
मैं किसी को, अब टोकता नहीं,
चलते पहियों को, अब रोकता नहीं।

विवेक गोपाल कृष्ण पाठक

मूल्य चुकाना होगा

अहँकार ही है, जो रोक रहा है आगे बढ़ने से।
कुछ पा लो पहले, दिखा लो पहले,
बता दो कि तुम भी कुछ हो, दुनियाँ को,
बिना कुछ पाये, कायरता होगा, छोड़ना इस जग को,
बस यही कहकहकर भरमा रहा है,
अहँकार ही है, जो रोक रहा है आगे बढ़ने से,

बात अगर बस साहस की होती, तो इतनी कठिनाई न थी,
भोग लो सुख साधन और, जी लो जीवन को कुछ और,
बस यही कह कह कर, डोरे दाल रहा है, अहँकार ही है,
जो रोक रहा है आगे बढ़ने से।

माया का जाल और उस पर प्रारब्ध की गठरी,
बाँध रही है इस जीवन की भी ठठरी,
बढ़ना है अगर आगे तो मूल्य चुकाना होगा।
लोभ-मोह, सम्मान-अपमान, हार-जीत,
पर सबसे पहले अहँकार को मिटाना होगा,
बढ़ना है अगर आगे तो मूल्य चुकाना होगा।

विवेक गोपाल कृष्ण पाठक

अक्सर लोग उन्हें पागल समझते हैं

कि जो इस दुनिया को अच्छी तरह समझते हैं,
कि जो मैं-मुझे-मेरा से बढ़कर, औरों का दर्द भी समझते हैं,
कि जो पशुओं को भी, अपनी संतान
सा समझते हैं, कि जो नहीं देख सकते, अनाथ-लाचार को, और अपने
हिस्से कि खुशियाँ भी बाँटते फिरते हैं।
अक्सर लोग उन्हें पागल समझते हैं।

कि जो भूखे को भोजन देना, शिव का अभिषेख समझते हैं,
कि जो बीमार-अपाहिज की सेवा को यज्ञ समझते हैं,
कि जो सर्वधर्म समभाव के खोखले, आख्यान नकार के,
सनातनी होने पर गर्व करते हैं,
कि जो अपनी संस्कृति को, कमाई के साधनों से पहले रखते हैं,
कि जो पूर्वजों के संघर्ष-समर्पण की लाज रखने को,
अपना कर्तव्य समझते हैं।
अक्सर लोग उन्हें पागल समझते हैं।
हाँ अक्सर लोग उन्हें पागल समझते हैं।

विवेक गोपाल कृष्ण पाठक

मूर्खता का प्रमाण

यूँ ही परेशां हूँ, कि ये न मिला वो न मिला,
पर जो मिला है उसे गिनता ही नहीं।
जब देखता हूँ ग़म दूसरों के,
तो लगते अपने ग़म कुछ भी नहीं।

भुगतता है यूँ तो, हर कोई अपने कर्मों का परिणाम,
पर जो सुख मिले हैं जीवन में,
उसे कोई गिनता ही नहीं।
दुःख में अगर आँसू और कष्ट है, -2
तो सुख में धन्यवाद क्यों नहीं।
जुटा लिया यहाँ, जितना भी समान है,
सुखी होने का ये नहीं प्रमाण है।

जो मिला, जितना मिला, जब भी मिला है, सर्वोचित है,
और अधिक के लिये प्रयास तो ठीक,
होना परेशान मूर्खता का प्रमाण है।

विवेक गोपाल कृष्ण पाठक

मेरे अनुभव...घाट पर

देख रहा हूँ स्वयं को जलते हुए.... घाट पर।
अभी भी कुछ आग बाकी है मुझमें,
होने से पहले राख.... घाट पर।

रंग सभी, रूप सभी, प्रेम सभी, संबंध सभी,
बिछड़ रहे हैं मुझसे.... घाट पर।
बाकी हैं कुछ वासनाएँ अब भी, कुछ प्रश्न बाकी हैं,
क्या मिलेंगे उनके उत्तर? चिंतित हूँ..... घाट पर।

छूट रहा है सब सदा के लिए-2
बाकी है बस एक आस...... घाट पर।
जिया जीवन भर जिससे मिलने की आस में-2,
बिछड़ के सबसे, क्या होगा उससे मिलन?
सोच रहा हूँ..... घाट पर।

देख रहा हूँ स्वयं को जलते हुए.... घाट पर।
अभी भी कुछ आग बाकी है मुझमें,
होने से पहले राख.... घाट पर।

विवेक गोपाल कृष्ण पाठक

परिणिती

फिरता रहता था अँधेरी राहों पर,
भटकता था अनजान शहरों में।
और पाने की चाह में, न जाने कितना ख़ुद को खोया हूँ,
थक गया हूँ, चूर हूँ, न जाने आख़िरी बार,
कब चैन से सोया हूँ।

जेब में है पैसा, पर ऊँचे महलों में अब वो रस नहीं,
अपना छोटा सा घर, अब माँ की गोद सा लगता है।
बदले में क्या मिलेगा किसी से,
करने से पहले अब सोचता नहीं।

क्यों परिंदे को पिंजरे में रखूँ,
बारिश-ओ-धूप बाग़ की, अब सुहानी लगती है।
वो कच्चा आम, वो खुली हवा में, लंबी न सही,
पर बेफ़िक्र उड़ान, अब अच्छी लगती है।

विवेक गोपाल कृष्ण पाठक

शायर हो बैठा

गुमान था कि शायर हूँ, ख़ुशनवर हूँ -2

फिर दिनकर, नीरज, मीरा, कबीर, सूर,

निराला को सुन बैठा।

अरे बात यहाँ ख़त्म न हुई-2

ग़ालिब और जौन एलिया को सुना, तो तबाह हो बैठा।

दिमाग़-औ- ज़ुबाँ से कहने में वो बात कहाँ-2

जब ख़ुद पर बीती तो शायर हो बैठा।

विवेक गोपाल कृष्ण पाठक

शायर होना अभी बाक़ी है

किसी ने तंज़ में कहा हमसे,
कि क्या कहते हो,
वाह क्या शायर हो।-2

मैंने कहा शायर जो कहते हैं लब्ज़ों में,
मतलब अब, समझ आजाता है बस,
हमारा शायर होना अभी बाक़ी है।

दर्द-ओ-ज़ख़्म और दिल का टूटना,
इतना नहीं हुआ-2 शायरी अभी ना
तारी है, हमारा शायर होना अभी बाक़ी है।

कहने वाले बहुत हैं हमसे, हैं बहुत ख़ुशनवर,
शायरी का मुकम्मल होना, हमसे अभी बाक़ी है-2
हमारा शायर होना अभी बाक़ी है।

फ़िर कहा मैंने, कि हम भी होंगे ख़ुशनवर,
चल पडे हैं उस डगर-2
पहुंचें न पहुंचें, पर बहुत ख़ूबसूरत है ये रहगुज़र।-2

विवेक गोपाल कृष्ण पाठक

PART – 2   ENGLISH

CONSISTENT INTEREST

When everything seems dark, not even single ray of hope, coming to you.

Consider a guru as, it's a tool to take you to the light source.

But doubt in your mind, reduces the ability of using the tool.

Quick success is myth, propagated by the people, who wants to use you, for their benefits.

Success is not, one should look for, it's a consequence of what you keep doing, with immense interest continuously.

And consistent interest, can only be found in the work, you born for.

Vivek Gopal Krishn Pathak

KNOWING THE ACCEPTANCE

I have accepted all the problems temporarily, to embrace the truth permanently.

Approaching to your truth, Acceptance is truly powerful.

When you're real to self and others,

When no relation, no provocation, no glitter or temptation Forces you to be biased, towards your choices you make in life. Acceptance about everything, creates a passage between failure & success, problem & happiness, love & hate, likes & dislikes to reach to your truth.

Accepting everything means "Now you're not bothered About, what so ever is happening with you good or bad"

You just keep moving towards "The light", that is coming to You, through the passage created by the acceptance.

You feel burden less even if, there is lot of on your shoulders.

You feel hassle free even if, there are so many at every step you take. You smile through the pain, you sing through the tears and you do not escape life, even if end is near.

Vivek Gopal Krishna Pathak

PRIORITY OF LIFE

When all those butterflies start settling itself. When two waves start coming together, without encroaching each other. When worldly heat starts balancing itself, towards the coldness of peace & wisdom. When people stars getting clarity about love, sex & its correlation. When all this hormonal hangover, starts getting fadeaway or you'll be able to master it anyway.

The real picture starts appearing itself in many ways, in front of you.

Money, sexuality and all the worldly possessions are destined to be left behind.

All I want to say is that, enjoying this is ok, but don't prioritize it in life.

Vivek Gopal Krishn Pathak

WAITING

I am filthy, I am bad,

I am crying, I am sad,

I am loved, I am hated,

I am working, I am stuck,

I am guide, I am lost,

I am worthy, I am worthless,

I am peaceful, I am worried.

For what I did & I didn't,

For what I do & I don't,

For what I could & I couldn't.

Waiting for your compassion,

to be, what I am supposed to be.

                        Vivek Gopal Krishn Pathak

WAITING FOR THE SUN TO SHINE

Over the periods of the time,

I've seen myself chasing the targets, changing gears,

shifting paradigms.

Successes and failures, have been companioning throughout

the timeline.

All gone in vain, as my failures, the so-called strengths of

mine.

And aspects of my life, I wasn't proud of, became the

launching pad of my success.

Now I'm on the verg of dawn, waiting for the SUN........... to

shine. Waiting for the big bright SUN.............. to shine.

Vivek Gopal Krishn Pathak

WHY WE'RE HERE?

I've played with logic a lot. Understood it, used it & realized that it has limit.

Logic can't help beyond a point.

It is just a survival tool, but we're here to thrive.

We're not here to change the world.

We're not here to leave wealth behind.

We're not here to conquer anything.

We all forgot one important aspect, that we're here to live & enjoy in the lap of nature.

We're here to sing a song of happiness, by doing what, we love to do most.

Doing otherwise, is wasting the Life.

Remember this.

Vivek Gopal Krishn Pathak

SONG OF SUCCESS

If you've given your best shot, still not succussed & experiencing failure.
This defeat is nothing but, the fault of your vision.
Because all your dedicated efforts, have already reached to the successful end.
You can't see it now that the problem. It's the matter of right time only, when success will appear in front of you.
So, keep putting your best shot, the time will surely come, when you'll sing the song of success.

Vivek Gopal Krishn Pathak

WHY AM I SUCCESSFUL?

Now I am successful.

I had lots of struggles to reach here.

There are a few people,

who helped me, whenever it was needed.

There are a few people, who believed in me.

But no help could be helpful, Until,

I had faith in me & the work, I enjoy doing and keep it going.

Let's not talk about the people & situations,

who tried their hard, to drag me down & left me alone.

I would rather suggest, if you won't give up doing, what you love most.

All the help will appear from nowhere, whenever it is needed most.

So don't give up on your dreams, those keeps you awake.

All the best.

Vivek Gopal Krishn Pathak

JUST KEEP MOVING!!!

In order to please everyone,
you'll end up please none.
In order to take everyone along,
you'll lose the people, you already have.
In order to take everyone's side,
you'll end up losing, yourself aside.
In order to help everyone, you'll break apart.
So don't fear anything, don't expect anything.
and most importantly,
Don't compromise your inner peace, for anything at
all, What so ever it is!!
Just keep moving, just keep moving …

Vivek Gopal Krishn Pathak

THE GRACE

You talk about 'The Garce', I tell you what it is to me.
When you can cry, through the success of others in extacsy.
It is 'The Garce'.
When pain feels like fuel to your growth. It is 'The Garce'.
When worldly glitters, can't make you blind. And shine of
your inner gold, nourishes the world around, like The Sun.
It is 'The Garce'.
When you've realized, that whatever you've got, is more than
you deserve & your vibe gratitude smiling through the tears
in eyes.
It is 'The Garce'.

Vivek Gopal Krishn Pathak

THE FEMININE

When feminine heart sprouts, the real devotion blossoms.

When feminine brain shines, it flourishes her world around.

When feminine body is in good shape, it just talks about the external beauty.

But when her energies are balanced, her beauty becomes enchanting.

When she is not loved, not valued & devastated, destroys the world around.

And when all this power & beauty is imbalanced,

the feminine turns into a self-destructive flame.

Balanced feminine is divine feminine, we call her 'Devi'.

अंतर्मन के राक्षस के रक्त से हो, माँ के चरणों का श्रृंगार।
और उसका मुंड बने माता के गले का हार॥
अंतिम प्रार्थना अंतिम प्रार्थना, विलीन हो यह शुद्ध शेष।
जैसे शक्तिमय शिव विशेष, जैसे शक्तिमय शिव विशेष॥

विवेक गोपाल कृष्ण पाठक

भाग -3 धार्मिक

भक्ति

भक्ति का एक क्षण है श्रेष्ठ, युगों के अर्जित ज्ञान से भी।

समर्पण के अश्रु के सन्मुख, निरर्थक रहते सभी वेद पुराण भी।

ज्ञान की सीमा भक्ति का आरंभ है।

भक्ति की परिणिति, ईश्वर से मिलन।

भक्ति और समर्पण में नतमस्तक, नेत्रों के जल की एक बूँद,

श्रेष्ठ है उस सागर से, जिसमें समाहित हैं समस्त ज्ञान की सरिताएँ भी।

विवेक गोपाल कृष्ण पाठक

I am God I अनल-हक I अहंब्रह्मास्मि

जो मिली है बसीरत (प्रतिभा), बदले उसके दौलत मिले न मिले।

ज़हन में उतरी इस रोशनी को बांटकर, सुकूं चाहता हूँ।

भर जाता हूँ जब तेरी क़ुरबत (घनिष्ठता) के पानी से, सर तक, बहते अश्क़ों से हर तरफ़ हरियाली चाहता हूँ।

आफ़ताब-ओ-महताब, चराग़ों से लगते हैं, मेरे आगे,

जब तेरी रौशनी में नहाकर, घर से निकलता हूँ।

जब गोपाल-कृष्ण मेरे नाम में ही हैं, तो किसी और तख़ल्लुस (pen-name) की दरकार ही कहाँ?

लिखूँ कुछ भी, हर बात में तू ही होता है, तू हवा मैं परचम हूँ, मेरी हर हरक़त, तेरा ही निशां होता है।

विवेक गोपाल कृष्ण पाठक

ईश्वर का प्रमाण

राह चलते जब, किसी की झलक आँखों में बस जाये।
यूँ ही किसी का गुनगुनाना, कानों में मिठास भर जाये।
आँसू हो किसी की आँखों में, और दिल तुम्हारा पिघल जाये।
तुम्हारी जीत हो फिर भी किसी की हार का ग़म,
तुम्हें नम कर जाये।

किसी के गिरने में हो, तुम्हें भी उसकी चोट का अहसास।
किसी की हंसी तुम्हारे दर्द को कम कर जाये।
न हो कुछ तुम्हारे पास देने को फिर भी,
देखकर तुम्हारी आंखें माँगने
वाला शुक्रिया कर जाये।

तो ज़रूरी नहीं है साहब, ये ईश्क़ ही हो,
एक इंसान होने की निशानी भी है ये।
तुममें ईश्वर के होने का प्रमाण भी है ये।

विवेक गोपाल कृष्ण पाठक

ईश्वर की अवधारणा

स्वस्फूर्त ऊर्जा से प्रदीप्त हूँ मैं ।।
बुद्ध का अंतःदीप, शिव का ॐकार हूँ मैं,
जो है, उसमें भी हूँ मैं, जो नहीं है, वही तो हूँ मैं।
न आदि है न अंत है, अनंत नाद निनादमय,
कालचक्र की धुरी हूँ मैं।

स्वस्फूर्त ऊर्जा से प्रदीप्त हूँ मैं।।
हूँ माँ सा पोषक, गुरु सा प्रेरक, पत्नी सा पूरक,
और मित्र सा निःस्वार्थ सहायक भी हूँ मैं।
राम सा करुणामयी रक्षक, कृष्ण सा संपूर्ण हूँ मैं,
शिव सा विनाशक सर्वत्र हूँ मैं ।

स्वस्फूर्त ऊर्जा से प्रदीप्त हूँ मैं ।।
शक्ति सा शिवमय, भक्ति सा हनुमान हूँ मैं,
राधा सा समर्पण और नंदी का धैर्य हूँ मैं।
प्रकाश का अनंत स्त्रोत और तिमिर की घनघोर गहराई हूँ मैं।
ज्ञान की पूर्णता और भक्ति की परिणिति हूँ मैं।
।। स्वस्फूर्त ऊर्जा से प्रदीप्त हूँ मैं, ईश्वर हूँ मैं, ईश्वर हूँ मैं ॥

विवेक गोपाल कृष्ण पाठक

जय श्री राम

पूजता हूँ मैं ॥ राम ॥ को -2,
जानकी के करूणानिधान को।
हनुमत की शक्ति के प्रमाण को -2,
शिव के अंतर्मन के गुंजायमान को।
साधुओं की साधना के आधार को,
मुनिओं के धैर्य और विश्वास को।
कष्टों के सागर में डूबते की, जीवन की आस को।
क्यों?

इसलिए नहीं कि मुझे कुछ प्राप्त हो,
इसलिए, कि ॥ राम ॥ के बोध रूपी अश्रु के अतिरिक्त,
और क्या है पाने को?-2
होगी मेरी गति तो मेरे कर्मों से, यही विधि का विधान है।
बस यही एक प्रार्थना है ॥ राम ॥ से, कि जो भी मांगूँ प्रार्थना में,
शब्द कुछ भी हों, सार बस ॥ राम ॥ हों-2।
॥ जय श्री राम ॥

विवेक गोपाल कृष्ण पाठक

कहाँ हैं शिव?

कमी हो तो, पूर्ती में हैं शिव।

डर हो तो, रक्षण में हैं शिव।

दृष्टि में हैं शिव, अनुभव में हैं शिव।

होने में हैं शिव, खोने में हैं शिव।

भक्ति में हैं शिव, शक्ति में हैं शिव।

अंधकार में आदित्य हैं शिव।

अज्ञान में ज्ञान का प्रकाश हैं शिव।

अहंकार और पाखण्ड के विनाश में हैं शिव।

खुद का कमाया, सहज बाँटने में हैं शिव।

पिता के त्याग में, माँ की करुणा में हैं शिव।

एक आदर्श जीवनसाथी और पूर्ण पिता होने में हैं शिव।

दूसरों के विष को पीकर भी, अमृत बाँटने में हैं शिव।

जनकल्याण का पर्याय और सृष्टि के संतुलन में हैं शिव।

गुरूओं में सर्वोच्च, ईश्वर का प्रमाण हैं शिव।

करुणा के सागर, शक्ति के सर्वोच्च शिखर हैं शिव।

शक्ति के धारक, शक्ति के पूरक, सबके लिए सामान हैं शिव।

विवेक गोपाल कृष्ण पाठक

शिव आ रहे हैं मेरे पास

जितना दुनिया मुझे ठुकरा रही है,
जितना माया मुझे उलझा रही है,
जितना कम हो रहा है व्यर्थ के संबंधों से लगाव,
जितनी कम हो रही है भौतिकता की मिठास,
उतना शिव आ रहे हैं मेरे पास।
उतना शिव आ रहे हैं मेरे पास।

तेरा बोध ऐसी पूँजी है, तेरा बोध ऐसी पूँजी है,
जिसपर गँवा सकता हूँ मैं अपनी हर आस।
और, बुद्धि जनित शंका अब हो रही है निराश,
हर प्रश्न, हर विरोध, लारहा है मुझे शिव के और पास।
शिव आ रहे हैं मेरे पास।
शिव आ रहे हैं मेरे पास।

विवेक गोपाल कृष्ण पाठक

राम नाम के तेल में हनुमत जैसी बाती

राम नाम के तेल में, हनुमत जैसी बाती, -2
शंकर की चिंगारी से, कैसी !! लौ जगमगाती।-2
माया के तिमिर को, सिरे से काटती जाती।-2
राम नाम के पथिक को, मार्ग दिखलाती जाती।-2

सारी दुविधा, सारी विपदा,
हर कंटक को पुष्प बनाती जाती।-2
राम नाम के तेल में, हनुमत जैसी बाती,
शंकर की चिंगारी से, कैसी!! लौ जगमगाती।
काम-क्रोध-मद-लोभ-मोह की भस्मी,-2
माथे से रगड़ाती जाती।-2
राम नाम के तेल में, हनुमत जैसी बाती,-2
शंकर की चिंगारी से, कैसी !! लौ जगमगाती।-2

विवेक गोपाल कृष्ण पाठक

श्री राम गीत

। जय जय जय श्री राम । जय जय जय श्री राम ।

जानकी के करुणानिधान, जानकी के करुणानिधान

। जय जय जय श्री राम । जय जय जय श्री राम ।

हनुमत के शक्ति प्रमाण । हनुमत के शक्ति प्रमाण

। जय जय जय श्री राम । जय जय जय श्री राम ।

शंकर के अंतर्मन के गुंजायमान, शंकर के अंतर्मन के गुंजायमान ।

। जय जय जय श्री राम । जय जय जय श्री राम ।

शरणागत के कृपानिधान । शरणागत के कृपानिधान

। जय जय जय श्री राम । जय जय जय श्री राम ।

ऋषियों ने तप का आधार मान, पाया प्रकृति का सम्पूर्ण ज्ञान ।

। जय जय जय श्री राम । जय जय जय श्री राम ।

सक्षम की क्षमता, अक्षम का मान ।

सक्षम की क्षमता, अक्षम का मान ।

। जय जय जय श्री राम । जय जय जय श्री राम ।

जानकी के करुणानिधान । हनुमत के शक्ति प्रमाण ।

। जय जय जय श्री राम । जय जय जय श्री राम ।

कलि का सत्य

कलयुग में, होगा जिससे अधिक प्रेम,
वही ह्रदय तोड़ेगा।
जो चाहोगे होना, बस वही होने में संशय रहेगा।
जिसको पाने का होगा,सबसे अधिक प्रयास,
वही न होगा कभी पास।

सत्य सिद्दांत का मार्ग होगा दुष्कर,
झूट कपट दिखावा, सहज सरल होगा।
मौका परस्त विजयी दिखेगें, सत्य संकल्पियों का मार्ग,
कंटकों से पटा होगा।

माया रुपी कलि वैभव से भरा और सत्य को केवल
'हरि-हर' नाम का सहारा होगा।
जिसने छोड़ा 'मैं' का साथ, जोभूला 'मेरा' क्या होगा?
राम नाम 'भक्ति', कृष्ण नाम 'कर्म', शिव सा जो परोपकारी होगा।
कलि की भस्म उसके माथे, विजयी मुकुट उसके सर होगा।

विवेक गोपाल कृष्ण पाठक

भाग – 4 राजनीतिक

STOP FAKE FEMINISM

Stop crying only for the rights, take the burden of responsibilities too.

Nature made you the way you are, stop using the pain as excuse.

Pay the price of doing hard work, for the comforts you're crying for.

Your body isn't the best thing you got,

stop using it, as cash crop.

Mother in you died, long time ago & tears in your eyes, have lost all its value.

All the evil a man can get, is so tiny in front of you.

No amount of makeup now, is able to shade the darkness lies within you.

For the sake of very few mothers some ladies left, stop faking

it & realize the real feminine.

Devotion, sacrifice, nourishment & care are the traits of real feminine,

Comparison with man is the reason of your decline.

Vivek Gopal Krishan Pathak

YOU MUST KNOW THIS... IF YOU ARE INDIAN!!!

What did they do & what they are trying,

We left our homes wounded and crying.

We have been taught how it is happened?

It was all fake and designed.

I could be murdered but can't speak my mind.

They're humiliating our basis since ages but when I react it is a crime.

The so-called logics are altered for their discomfort but when I claim my right, they're not fine.

I know how we have survived out of all that pain and disguise.

I know.... I know.... About, not to be crossed all those lines,

But my sword is not junk, whenever it is needed, it will always shine.

Pseudo Liberals

Pseudo Seculars

INDIA will proud again

JAI HIND

Vivek Gopal Krishna Pathak

हूँ मैं धर्म सापेक्ष

गर्व से कहो, हूँ मैं धर्म सापेक्ष
गर्व से कहो, हूँ मैं धर्म सापेक्ष
और मिटा दो झूठी निर्पेक्षता के कालनेमि को।

गर्व से कहो, हूँ मैं सनातनी।
गर्व से कहो, हूँ मैं सनातनी बसते हैं राम मेरी
नस नस में, परखना है तो परख लो, अगर है तुम्हारे बस में।

राम राम में ही शान्ति है जप लो
राम राम में ही शान्ति है जप लो
अगर हुआ हर हर, तो टूट जाएँगी सीमाएं सारी,
बचेगी केवल भस्म, हो जाएँगी दूर बीमारियां सारी।

गर्व से कहो, हूँ मैं धर्म सापेक्ष
गर्व से कहो, हूँ मैं सनातनी
बसते हैं राम मेरी नस नस में,
परखना है तो परख लो, अगर है तुम्हारे बस में।

विवेक गोपाल कृष्ण पाठक

जागो, खोजो और पाओ

सत्य का अगर पता नहीं, और कर रहे हो वो,
जो नहीं करना चाहिए, तो दोषी सिर्फ आप हो।

जान के कर रहे हो अगर कुकर्म आप,
तो फिर कोई काम नहीं आएगा-
पैसा, औदा, दोस्त, भाई, न बाप।

अकेले ही झेलना पड़ेगा कर्मों का सारा हिसाब,
कोई काम नहीं आएगा-
पैसा, औदा, दोस्त, भाई, न बाप।

पूर्वजों ने क्या किया तुम्हारे? खोजो उसे,
तभी सत्य को जान पाओगे,
नहीं तो बिना परखी, भ्रमित बातों से अंधे हो जाओगे।
नहीं तो बिना परखी, भ्रमित बातों से अंधे हो जाओगे।

विवेक गोपाल कृष्ण पाठक

नए युग का आरंभ

खुल के बाँट रहे जो 'जन' को,
खोखले कानूनों की आड़ से।
सारी मानवता दबी जा रही, हैवानियत के पहाड़ से।
स्त्री का भोग, बच्चों का दुरूपयोग,
संबंध सारे बहे जा रहे, कामुकता की बाढ़ से।

सत्ता चाहिए, कब्ज़ा चाहिए, फिर क्या करना है पता नहीं,
कैंसर को स्वास्थ्य समझ, निरंकुश हो दहाड़ रहे।
काली के क्रंदन को, वीरभद्र के भुज कंपन को,
हनुमत की हुंकार को, मूर्ख न पहचान रहे।

विनाश इतना भयानक होगा, कि भस्मी को कल्पों तक,
जीवन जल का न स्पर्श मिलेगा।
कलि की इस चाल को, अब और न शय मिलेगी,
सीधे मात से ही, अब नए युग का आंरभ होगा।

विवेक गोपाल कृष्ण पाठक

शहीद की कहानी

एक छोटीसी कहानी है, जो मुझे, आपको सुनानी है...
माँ बोली.. जब तू मेरी कोख में था... मेरी ख़ुशी का ठिकना न था।
वैसे तो मैंने तुझे जन्म दिया..पर जब तू मेरी गोद में आया,
तब ही पहली बार, मैंने अपने अंदर की माँ को पहचाना था।
पिता बोले। आज से पहले मैं पुत्र, पति और भाई था।
तू आया मैं पिता हुआ। क्या बताऊँ?
क्या मुझमें पूरा हुआ? जो न जाने कब से अधूरा था।
ये क्या हुआ अचानक...सब टूट गया..सब छूट गया।
तुझे यूँ न तिरंगे में लिपट के आना था।
अभी तो कुछ साल ही बीते थे..
हमें तो तेरे साथ अपना बुढ़ापा भी जीना था।
गर्व है हमें कि चुका दिया मातृ भूमि का कर्ज़ तूने।
पर हमारी आस को तोड़कर, तुझे यूं न जाना था।
न जाने कितनी माओं ने, अपनी आस को खोया।
न जाने कितने पिताओं ने, अपने काँधे पर जवान पुत्र की लाश को ढोया।
न जाने कितनी ही दुल्हनों ने, अपने सुहाग को खोया है।
"तब जाके कहीं हमनें जीने की आज़ादी को पाया है।"

#Respect Sacrifice #Respect Marters
#Respect Soldier #Jai Hind

विवेक गोपाल कृष्ण पाठक

वो क़िताब

उनकी ग़रीबी देखकर कहा मैंने, पढ़ो लिखो बना लो अपना घर।
देखकर मेरा दर, वो कहते हैं, छीन लेंगे एकदिन तुमसे,
बना लेंगे तुम्हारे घर को अपना घर।
मैंने पूछा, क्या है जो तुमको, इतना नीचे गिरता है,
तुम्हारी क़ाबलियत पर प्रश्न चिन्ह लगाता है।
वो कहते हैं एक क़िताब है, जिसमें छिपे सारे ज़बाब हैं,
नहीं संभव उसमें बदलाब है।
मैंने कहा मौत के अलावा, एक ही बात तो है निश्चित और
वो जीवन में निरन्तर बदलाव है।
उसने कहा मानता नहीं जो इस क़िताब को,
जीने का नहीं उसको अधिकार है।
मैंने कहा 'वाह वाह वाह', तलवार की पड़े ज़रूरत जिसे,
समझाने को अपनी बात।
कैसी बचकानी, खोखली और ज़ाहिल सी है ये क़िताब।
मैंने पूछा, किया क्या इंसानियत के लिए,
इस क़िताब ने, नहीं था उनके पास कुछ भी ढंग का,
बताने के लिए इस प्रश्न के ज़बाब में।
उजड़े गांव, टूट आस्था-स्थल, रक्त-रंजीत खेत-खलियान
और ज्ञान संग्रह के जलते अलाव,
इन्सानियत की छाती पर छोड़े सबसे गहरे घाव।
इसके अलावा नहीं मिला मुझे कोई और जबाब॥

विवेक गोपाल कृष्ण पाठक

मैं पढ़ालिखा हिन्दू हूँ।

मैं पढ़ालिखा हिन्दू हूँ, भारत में 80% हूँ,
फिर भी चिंतित हूँ,
क्यों कि मैं पढ़ालिखा हिन्दू हूँ।

टुकड़ों में बँटा हुआ, बेकार की बातों में अपनों से दूर होता,
आत्ममुग्दध, सर्वनाश के अँधकार की ओर प्रगतिशील,
अमावस्या का इंदु हूँ।
क्यों कि मैं पढ़ालिखा हिन्दू हूँ।

कायरता को अहिंसा कहता, अतीत से विमुख,
अपनी भूमि से उखड़ता,
सदा अवतार की प्रतीक्षा करता,
दायित्त्व विहीन निर्बलता का मैं सिंधु हूँ।
क्यों कि मैं पढ़ालिखा हिन्दू हूँ।

दुष्टों की कुटिलता का आखेट, भाई चारे का चारा,
सहिष्णुता के खोखले आख्यानों का बंधक,
स्वयं की संस्कृति से लज्जित,
अपनी पहचान मिटाता मूर्खता का मैं बिन्दु हूँ।
क्यों कि मैं पढ़ालिखा हिन्दू हूँ। -2

विवेक गोपाल कृष्ण पाठक

युद्ध करो

हे कृष्ण...!!
समय नहीं है अब मुरली का, रास को अब विदा करो।
समय हो गया है गीता का, अर्जुन में हुँकार भरो।
गोकुल की लीला त्यागकर, रण में अब शँखनाद करो।

दया-क्षमा के खलौनों से, बाद में खेलेंगे,
सत्य की तलवार पर, अब धार धरो।
हुए विफल सभी सुप्रयास,
कुटिल, नीच और निकृष्टों का, अब तो सँहार करो।

विनाश की राख़ पर ही,
सृजन का बीज बोया जायेगा,
जब तक न टूटे दुर्योधन की जँघा,
तब तक कहाँ न्याय हो पायेगा।

हे कृष्ण...!!
समय नहीं है अब मुरली का, रास को अब विदा करो।
समय हो गया है गीता का, अर्जुन में हुँकार भरो।
गोकुल की लीला त्यागकर, रण में अब शँखनाद करो।

विवेक गोपाल कृष्ण पाठक

www.ingramcontent.com/pod-product-compliance
Lightning Source LLC
LaVergne TN
LVHW020443070526
838199LV00063B/4835
* 9 7 8 9 3 6 3 8 8 1 1 2 9 *